JN248490

天才IT相
オードリー・タン
の母に聴く、
子どもを伸ばす接し方

学校創設者
李雅卿
リー・ヤーチン
岩瀬和恵 訳

KADOKAWA

天才IT相
オードリー・タンの
母に聴く、

子どもを伸ばす接し方

乖孩子的傷,最重by 李雅卿（Lee, Ya-Ching）Copyright © 2004 by 李雅卿 Lee, Ya-Ching
Published by arrangement with Yuan-Liou Publishing Co., Ltd.
through BARDON CHINESE CREATIVE AGENCY LIMITED and Tuttle-Mori Agency, Inc.
Japanese translation copyright © 2021 by KADOKAWA CORPORATION ALL RIGHTS RESERVED.

種子学苑のこと

この本に出てくる「種子学苑」について、まず説明をしましょう。

本書を書いた李雅卿《リーヤーチン》さんは、もともと新聞社で働いていました。しかし自分の子育てのなかで、次々生じる問題と正面から格闘しているうち、「子どもを学校で学ばせること」や「どうすれば子どもが自分から学ぶようになるか」について真剣に考えるようになったそうです。李雅卿さんは数人の保護者と話し合い、自分たちで小学校を作ることにしました。そこで一九九四年に新北市《シンベイ》（当時の台北《タイペイ》県）の山間《やまあい》に作られたのが「毛毛蟲《マオマオチョン》（いもむし）親子実験学苑」という教育実験校で、名前が変わって「種《ジョン》籽《ズー》学苑」となりました。種籽は、種をまくという意味。この本では、日本語で「種子学苑」としました。こうして廃校になりかかった学校の校舎に、台湾《たいわん》でも珍しいオルタナティブ教育の空間ができました。

ここでは語文（言語・文学）と算数だけが必修科目ですが、選択できる科目は二十二種類あります。子どもたちは何を学習するかを自分自身で決めます。ルールは子どもと先生の話し合いの場である『生活会議』で決め、「校内法廷」の裁判官は、子どもの投票で選ばれます。

種子学苑では、何を学び、いつ休むかを子どもが自分で決めなければなりません。親も子どもも先生も、たくさんの意見や疑問を持っています。この本では、そんな親や子ども、先生からの質問に、李雅卿さんが一つ一つ答えています。

そこで日本からも、李雅卿さんに質問をしてみることにしました。日本のネットの高校であるN高等学校の先生、生徒、親からの質問にも、番外篇としてお答えいただいています。

李雅卿さんは、今は現場から退いており、学校も二〇二一年現在の名称は、種子親子実験国民小学校と変わっていますが、二十年ほどこの学校で文字通り、先生や生徒、親と向き合い、子どもが自分で学ぶ「自主学習」の方法を探してきました。

自分がもどかしい生徒さん。誰にもぶつけられない疑問をもつ先生。子どもを心配することしかできない親御さん。皆さんの毎日に、少しでも光が当たりますように。

編集部より

日本語版へのまえがき

私は二人の子をもつ母親です。台湾の教育改革に参加したのも、子育てがきっかけでした。

三十年前、台湾ではまだホームスクーリングに法的制約があった頃、上の子は、学校の授業のやり方やスピードに全くなじめず、学校教育に強い反発を覚えるようになりました。自分の存在価値さえ否定し、不登校になった時期もあります。

しかし各方面からサポートを受け、学校に通いながら独学できる時間を作ったり、一年間ドイツの小学校に通ったりしました。その後、意を決して再び台湾の学校に戻ると、中学では校長先生から自宅学習の許可を受け、当時の公立中学校で初めてホームスクーリングを行った生徒となりました。

私はこの経験と反省をもとに、今度は下の子のために学校を作ろうと考えました。まずは十組の家庭を集めて台湾初の自主学習学校「種子学苑」を設立し、その後、八年間にわたり、台北市で中高一貫の公設民営学校設立に向けた「自主学習実験計画」を主宰しました。これらの教育実験校をはじめ、台湾にオルタナティブ教育を広めようとする人々の活動は、やがて教育改革という大きな流れを生みます。

この二十数年の間に、台湾の教育課程綱要（十二年国民基本教育課程綱要総綱、日本の学習指導要領にあたる）には「生徒中心主義」「自発的な学習」「全学年・全科目混合のテーマ別学習」、特定の科目を設定しない授業「空白課堂」など、多くの自主学習の理念が加わりました。今では多くの一般校で「ディスカッション形式の授業」、教師と生徒が話し合って決める生活上のルール「生活公約」、生徒が自主的に学習を計画し、その内容を約束する「学習計画」と「学習契約」、生徒が学校運営に参加する「学内民主主義」なども取り入れられています。生徒の自主性も向上していますから、最も難しい課題である「親・教師・生徒が平等な立場で、協力し合う関係」や「校内法廷」の実現も夢ではありません。

二〇二〇年、新型コロナウイルスが世界を襲いました。感染予防のため、各国政府が人々の密集する機会を減らそうとした結果、これまで学校にいた生徒たちも「オンライン授業」や「自宅学習」を余儀なくされました。

勉強は学校で先生に見てもらうのが当たり前という生活から、突然毎日子どもが家にいる生活に変わり、多くの親が冷静ではいられない状況に陥りました。その上、インターネットやＡＩが子どもたちの将来を大きく変えようとしており、子育ての不安は増える一方です。

そんな中、日本のＫＡＤＯＫＡＷＡは二十年ほど前に台湾で書かれた私の本を見つけ、この自主学習実験教育の記録が日本の親御さんの参考になるのではないかと考えました。そこで、日本でこの本を出版するために、私を探し出したというわけです。日本と台湾は同じ東アジアに属し、似ている点もたくさんあります。コロナ禍、そしてＡＩ時代を迎えようとする今、自主学習は日本の教育問題の解決策の一つになるかもしれない。そう考えた私は、この本と姉妹書『種籽手記』の日本語版の出版に賛成しました。

ただし、親であり教師である立場から、こうお伝えしたいと思います。全ての人に当てはまることよりも、人によって違うことの方が多いので、教師や親、子どもが一人の専門家の言葉をひたすら信じこんでしまうのは、とても危険なことです。

学習の主体はあくまで子どもであり、親や教師は子どもと世の中を結ぶ架け橋です。「子ども」「その子の親」「その子を教える先生」が一緒になって「その子だけの学習計画」を作り、それを定期的・不定期的に修正する。これが私の理想とする教育システムです。

子どもが幼いうちは、お父さんとお母さんが最も大きな影響力をもちます。でも、ほとんどの人は「親になる方法」なんて全く知らないまま親になるものです。

どうか親御さん（や先生）は、まず「共感して、子どもの話を聞く」ことを学んでほしいと思います。子どもに何か問題が見つかった（例えば勉強がうまくいかない、いじめられた、登校拒否、発達に偏りがある）時や、子どもに特別な才能があると分かった時、突然環境に変化があった（例えばコロナ禍で自宅学習になった）時は、子どもの大変さや気持ちを理解して、子どもに寄り添い、子どもと一緒に対処法を考えることが大切です。

子どもの存在は、大人を変えるきっかけになります。人は親や教師になると、子どもの問題に悩み、何とか解決しようと考えますよね。こうした子どもへの愛情がきっかけとなって、自分や身の回りの問題に素直な心で向き合い、プラスの連鎖を生み出せるとしたら、素晴らしいことだと思いませんか？

インターネットもＡＩも、人類がより便利で効率的な生活を送るために発明した道具です。ＡＩの普及によって、「人」が道具になる時代が終わり、誰もが自分の個性を発揮できる時代が来ることを願っています。これからの社会は、新しい価値が創造され、人と人が協力し合える、持続可能な社会であってほしい。これこそ教育に従事する人間が目指す社会だと思います。

日本中の子どもたち、親御さん、先生たちの幸せを願って

二〇二一年二月二十日　台湾にて

李雅卿

CONTENTS

第2章 なんのために勉強するの？

第3章 「理想の教師」なんて、ほんとうにいるの？

第4章 悪いと思ってないわけじゃないけれど

番外篇　N高から、李先生への質問 225

ブックデザイン　西垂水敦・市川さつき（ｋｒｒａｎ）
ＤＴＰレイアウト　木蔭屋

第1章

親も、教師も、悩んでいる

Q

親

子どもは体が小さいため、よくクラスメイトにいじめられます。先生に言っても、いじめっ子を叱るだけで、全く問題の解決にはなりません。私はどう関わるべきでしょうか？

A

体が小さいことが、いじめられる一番の原因なのでしょうか？

昔、私の子どももいじめられていました。種子学苑でも「いじめられた」という声をよく聞きます。いじめられる子の多くは、「どうしてみんな、一緒に遊んでくれないし、いじめてくるんだろう」と不思議がります。そこで、私たちはこうした生徒と何度も話をして、いじめっ子の目に自分がどう映っているかを考えてもらいました。するとと、いじめに影響するのは、「体の大きさ」より「性格」であることが多いと分かりました。

一つの集団の中には、誰からも愛される人がいる一方、特別な感覚をもった一部の人にだけ好かれる人、不愛想でも人気がある人、人に好かれようと努力するのに嫌われる人がいます。なぜでしょう？

どんな社会にもルールが存在するように、子どもの社会にもルールがあります。いじめにあう子の多くは、自分がいる社会をよく理解できていません。社会の暗黙のルールを守らない上に、ちょっと気難しい性格だったりすると、自然とクラスメイトからは距離を置かれてしまうものです。また、転校生の場合、新しい生徒が増えることはクラスにとって一大事ですから、どんな子であれ焦って個性を出そうとすると、必ず対立が生まれます。こうした対立にうまく対応できる子もいれば、できない子もいて、私たちはそれを社交性と呼んでいる。ただそれだけのことです。

ですから、子どもの社会のルールが分かっていない状況で、体の大きさをいじめの理由にしてしまうと、問題点があいまいになり、かえって解決につながらない可能性があります。

親にできることは、子どもが自分自身を見つめ、性格を受け入れ、自分がいる社会を知るための手助けだけ。子どもは社会のルールやシステムが理解できて初めて、自分が果たすべき役割を見つけられます。自分の役割を自覚した後は、その役割を変えることも、さらに上を目指すこともできるようになります。

親や先生が子どもの世界に直接関わるべきかについて、私はいつも慎重です。緊急事態でない限り、大人が割って入っても、ほとんど一時的な効果しかありません。大人が関わり続けると、クラスメイトの反感を買い、かえって逆効果にもなりかねません。

Q

親

あなたの本を読み、子どもを成長させるには百パーセント全力を出す必要があると感じました。しかし、今の社会では、誰もがこうした子育てをできるわけではありません。**あなたは普通の人と違い、「特別」です。あなたに育てられた子どもは、社会になじんでいけるのでしょうか？**

A

まず、私は自分を特別だとは思っていませんよ。もっと真剣で、もっと苦労している親御さんをたくさん見てきました！　私のように声に出さないだけです。

この社会で、**大人に苦労をかけない子どもに出会うのは、奇跡に近い**ことです。嬉《うれ》しいことに、今では私も二人の子どもについて悩むことはなくなり、二人とも自分の置かれた環境を自覚し、ルールやシステムを理解し、その中で自分に最もふさわしい役割を見つけました。友達やきょうだいとも仲が良く、私たち親子は本当の喜びとぬくもりが感じられる間柄です。二人はまた、社会とも自然に関係し合っています。私の定義では、これこそが「調和」です。

「他人を困らせたり、自分を傷つけたりしなくたって、自分の生きる道は、きっと見つけられる」。これは長男の言葉で、私のお気に入りです。

この自信と心意気、そして、台湾の社会に子どもにこう思わせる力があることを喜ばしく思います。

Q

親

最近子どもの学校では、しょっちゅう古典を暗記させられます。『弟子規（伝統的な儒教の入門書）』や『三字経（宋《そう》代から伝わる子ども用学習書）』を扱うことすらあります。こうした古い教材に意味があると思いますか？　世の中がこんなに進歩している中、**時代遅れだと思いませんか？**

A

私の意見は後にしましょう。まず、あなたは『弟子規』や『三字経』が時代遅れで意味がないものと思っているのですよね。

私はどんなものでも、意味がないとか、時代遅れだとか思うことはほとんどありません。こうした教材が選ばれて、広く使われている以上、何らかの意味があるはずと考えます。

お子さんの学校がなぜ『弟子規』を暗記させようとするのか、理由は分かりません。『弟子規』は私も習ったことがないのですが、きっと『朱子家訓（家庭教育に用いる儒教の格言集）』のように、大人が理想とする子どもの行動をまとめたものでしょう。「大人が子どもに望むこと」を子どもに知ってもらうのは、悪いことでしょうか？　**時代に合わない所があれば、家や教室で話し合うきっかけにすればいい**ことです。むしろ私が心配しているのは、子どもに何かを暗記させる時、なぜ暗記が必要なのかを説明しない、あるいは暗記できない子に罰を与える大人がいること。この場合、子どもは罰を恐れるあまり、知識を増やしたいという本来の目的を失い、暗記ロボットのようになってしまいます。

私は自分の子どもや生徒に対し、**古典を読み、古詩を暗記することで、言葉の使われ方や、時代を超えた美しさを楽しむよう勧めています。**古典文学の中に現代にも通じるものを発見すると、現代文学では得られない喜びを感じます。これは素晴らしいことで、時代遅れだとは思いません。

Column 1

ある所に、子どもを深く愛する父親がいました。子どもが生まれた時、この父親は、「私は一生かけてこの子を幸せにします。この澄んだ瞳《ひとみ》から涙を流させはしません」と誓いました。この言葉を守るため、父親は頑丈なお城を建て、周囲を広い庭と高い壁で囲みました。風以外に、中に入ってこの子を煩わせるものは何もありません。

使用人は、この小さなご主人様に逆らうことも、一度だって泣かせることも許されません。

一日また一日と過ぎていき、この子は悩みを知らないまま成長していきました。やがて父親は、子どもを悲しませたくなければ、文字を教えるべきではないと気づきます。文字を知れば外の世界の秘密がもれてしまうからです。勉強もさせられません。考える力や問題を解決する力が身についてしまうからです。外に連れていくこともできません。一歩外に出れば、出会いと別れが待っているからです。花が咲き、散っていく姿さえ、名もない感情を呼び起こすかもしれません。

こうやって守られた子どもは、「幸せ」であるはずです。ところが、この子の顔からは、少しずつ少しずつ表情が消えていき、ついに笑顔も失ってしまいました。

ある日突然、この子は父親に向かってこう言いました。「お父さん！　外に出てみたい！」「世界が呼んでいるんだ！」

世界は風や雨、変わっていく空の色を通じて、全ての子どもに呼びかけているのです。親愛なるお父さん、お母さん。あなたならどうしますか？

Column 2

一般的な学校教育は、常に生徒は全て同じであると考えます。学校が使用する教材も、教師の教え方も、授業の進度も同じで、全員が同じスピードで、同じ場所で学ぶことを求めます。

良い成果を残す（テストでいい点数を取る）と、いい生徒と呼ばれます。授業についていけない、または授業が簡単すぎると感じる生徒は、特殊な生徒と呼ばれます。無理にでも授業のスピードに合わせられる生徒が、普通の生徒です。この基準は教科書が作られた時から決められており、全ての子どもがこの基準に従って分類されます。

しかし私は、学習心理学を学び、子どもと一緒に過ごす中で、**子どもが物事を理解する（つまり「学習する」）道のりは、一つではないことに気づきました。**高いコミュニケーション能力や考える力を持った子もいれば、手で触れたり、絵に描いたりしないと、それが何かを感じ取れない子もいます。最近流行している多重知能理論によれば、

人間の「理解」は、言語的知能、論理数学的知能、空間的知能、音楽的知能、身体運動的知能、対人的知能、内省的知能、博物的知能の八つに分けられるそうです。しかし、公教育の「教授法」は言語的知能と論理数学的知能ばかり強調し、他の部分はおろそかにされています。

種子学苑の変わらない願いは、全ての子どもが自分の「いいところ」を見つけ、物事を理解する手段の中で自分に最も向いているものを探し出し、自分なりの方法とスピードで学べるような、きっかけと環境を作りたいというもの。

従来の教育が正しいと信じこむのではなく、まずは自分のお子さんに目を向けて、お子さんの本来の姿を受け入れてください。**学校ではなく自分を基準にして学べるようになれば、誰もが明るく自信をもった子になれる可能性がある**のです。

これは簡単なことではありません。何しろこの学苑で学べるのは小学校の六年間だけです。私は常々、**一体いつになったら、教育の場で「人はみな違うもの」という考えが広がり、子どもたちが自分や他人を受け入れられるようになるのだろう**と思っています。このままでは、学校教育によって心に怒りを抱え、自分が嫌いになる子どもが増える一方です。私たちが理想とする調和のとれた社会も、単なる夢やスローガンに終わってしまいます。

Q

新人教師

教員仲間は、生徒が問題さえ起こさなければそれでいいと思っています。

「開かれた教育」で最も大切なのは、先生が心を開くことではないでしょうか。

生徒が先生を見て開かれた心を学び、お互いの違いを認めることが大切だと思いませんか？

A

私もあなたと同じく、「開かれた教育」で最初に開かれるべきは「心」だと思っています。

あなたのように子どもの本来の姿を受け入れられる人が先生になってくれたことを嬉しく思います。たとえ仕事が忙しくても、同僚や保護者と考えが対立しても、どうかこの気持ちを持ち続け、**子どもが自分や自分以外を好きになるためのお手伝いをしてください**。あなたがどんな困難にも負けないよう祈っています。

Q

親

ホームスクーリング（自宅学習）**についてどうお考えですか？** もしとても優秀な子が一般の小学校や中学校になじめないとしたら、ホームスクーリングを勧めますか？

A

ホームスクーリングは、とても苦労の多い選択です。他に選択肢がない場合を除き、台湾の家庭にはお勧めしません。

1、どんな家庭にも、長所と短所があります。子どもに必要な教育を全て自分たちで提供できる家庭でなければ、ホームスクーリングを行うのは難しいでしょう。海外では、政府や支援団体から様々なサポートが受けられます。でもこうした**サポートがないと、自習能力が高いお子さんでない限り、親御さんの心労と孤独は、言葉にできないほどです。**種子学苑という学校を設立しようとした背景には、こうした事情があったのです。

2、子どもはいずれ社会に出るもの。学校教育が担う重要な役割は、家庭という一つの価値観から抜け出し、価値観が一つではない社会に入るためのサポートです。この点に関し今の学校教育が充分であるとは言えませんが、親が、子どもとの日常の会話の中で意見を交わし、これを補うことはできます。

子どもが学校になじめない理由は様々です。優秀なあまり、中学校に入っても学校生活に適応できない子もいます。学校に自習を認めてもらうことも大切ですが、こうした子にとっては、自分の特殊な状況に向き合うこと自体が、本当に重要な人生の課題なのかもしれません。この点において、学校の果たす役割は大きいでしょう。

ただ、**繊細で傷つきやすい小学生の子どもは、環境による変化が大きいため、我慢できない時は学校から離れて気持ちを整理することも必要**でしょう。この場合、優秀かどうかは関係ないように思います。

Q

親

教育改革はいつまでたっても進みません。自分の力で開かれた学校を作りたいという理想はあるものの、経済的な余裕がありません。せめて今できることをしようと、家での教育に力を入れているのですが、学校と家で価値観があまりに違うため、子どもは戸惑い、どうすればいいか分からないようです。このような状況をどう思われますか？　また、思い切って学校を設立すべきか、それとも今置かれた状況の中で改革を進めるべきか、どちらがいいと思われますか？

A

何を優先させるべきかは、目的、目的に達するための方法、その方法によって生まれる副作用の三つから判断すべきです。

この三つについて、お子さんと一緒に考え、話し合ってみてください。子どもの感覚と経験を信じて話し合いを進めると、お子さんが想像以上に物事を理解していることに気づかされると思いますよ。

私の子どもや生徒たちは、他愛もない話をしていても、最後には「人はなぜ学校に行くの？」「人は何のために生きるの？」等の難解な問題を考えたがります。そんな時、親や先生が焦って**「正しい答え」を教えるのではなく、悩む心に寄り添って、様々な視点から考え、話し合う機会を作ってあげることで、子どもはぶれない自分を手に入れることができます。**自分の軸を見つけると、戸惑うことも減っていきます。

これには時間が必要ですし、時にはうまくいかないこともあります。でも子どもが心のモヤモヤを整理するプロセスに寄り添うことは、親や教師にとって一番大切なことだと思います。

私は縁あってたくさんの子どもと一緒にこのプロセスを体験し、そのおかげで広い心が持てるようになりました。

学校は、命を預かる場所です。自分で学校を作るべきかという質問ですが、**人は何かを選択する時、その決断に至る自分だけの深い考えがあるもの**です。他人にその権限はありませんから、私が意見することはできません。

Q

あなたはこの数年間、確固たる意志をもって種子学苑を作りました。**社会の大半を敵にしながら、信念は揺らがなかったのですか?**

A

社会の大半は敵だなんて、思ったことはありませんよ! 台湾の教育環境は、全体的には少しずつ多様性や合理性を受け入れる方向に進んでいます。**私が闘うべきは、大人がもつ不安と恐れだけ**です。

私が自分の信念を曲げず、揺らがないのは、子どもが成長し、実際に変化する姿を見ているからです。ですが、大人の心の中にある恐怖心が子どもの教育に対する不安に変わると、話し合いではとても解消できません。大人に自分の恐怖心と向き合ってほしいということを理解してもらうのは簡単ではなく、何度も説明して疲れ切ってしまうと、気持ちが折れそうになります。でも、私は立ち向かわなければいけないのです。だからまずはぐっすり眠ります。明日になれば、陽はまたのぼります!

Column 3

若い頃は、老子《ろうし》の『道徳経』を読んでも、遠い世界の話のように感じていました。ですが、子どもを育て、学校を作った後は、この本の内容が心に響くようになりました。命を育てるということは、数千年前から全く変わらないものなのですね。

私が特に好きなのは、第十七章の「最高の支配者は、人民はその存在を知っているだけである。その次の支配者は、人民は親しんで誉めたたえる。その次の支配者は、人民は畏《おそ》れる。その次の（最も悪い）支配者は、人民は馬鹿にする」「（良い支配者は）なにかの仕事を成しとげても、人々はみな、我々は自《おの》ずからこうなのだ、と考える[1]」ということば。教育にも同じことが言えると思います。

台湾の先生と生徒、親と子の間で、「親しんで誉めたたえる」ことは滅多になく、反対に相手を「畏れる」「馬鹿にする」関係ばかりが見られます。私が母となり、教師となり、新しい学校を作る中で本当に目指していたのは、子どもが成長した後、それを「自ずからこうなのだ（これは自分でしたことだ）」と言えること。だからこそ、**子どもが自分で何を学ぶかを決める「自主学習」が必要なのです。**

「子どもを使って実験するなんて」という人もいます。確かに種子学苑は教育実験校ですが、私はこの学校を「実験」だと思ったことは一度もありません。私たちは自分が信じるものに従い、自分のするべきことをしているだけで、全世界を救おうなんて思っていませんし、私たちの考えを押し付ける気もありません。ここで子どもたちが一人ひとり大きくなり、明るく自信をもって自分や環境に向き合う姿が見られれば、それでいいのです。

［1］『老子』蜂屋邦夫訳注（岩波文庫　二〇〇八年）

Q

ありのままの自由な状態で育てると、子どもの個性や友達づきあいに影響が出て、社会になじめなくなりませんか？ また、もしあなたが教育担当大臣だったら、どんな改革を行いますか？

A

まずは、「ありのまま」や「自由」とは何を指すのか？から考えてみましょう。「ありのまま」が子どもの本質という意味なら、おっしゃるとおり、私は子ども一人ひとりの本質に立ち返って、そこから一緒に成長したいと考えています。次に「自由」ですが、台湾の社会において「自由」の意味はとてもあいまいです。一般に「自由」と呼ばれるものは、私にとって「好き放題」を意味することが多いので、よく相手と話がかみ合わなくなってしまいます。

私の考える自由は、「結果を考えた上で選択すること」を指します。つまり、自由と責任は切り離すことができません。

私たちは、誰もが社会の一員として生きています。世捨て人になっても、心と体を完全に社会と切り離すのは難しいでしょう。**私は子どもに「世の中から孤立したって一人で生きていける」なんて嘘は言いません。**むしろ、「**可能性にあふれる外の世界**

へ飛び出しなさい」と言います。

また、子どもに社会になじむことを一方的に押し付けても、意味がないと思っています。私の考えでは、人と社会は「お互いに作用し合う」関係にあります。つまり、双方が主体性を持って意見をぶつけ合える関係です。誰しも自分の個性、能力、人生の目標などを理解し、身の回りの世界を見つめ直すことができれば、社会とプラスに作用し合う関係を築けます。

子どもが自分自身や周囲との関係を理解するには、大人と意見を交わすことも必要でしょう。でも、親の意見を受け入れるかどうかは、子どもが決めること。子どもは、親から見ると大変な方、良くない方を選びたがるかもしれません。これが自主学習の始まりです。結果的には子どもの考えが正しくて、親が心配したことは起こらないかもしれません。その時は、間違った認識を正してくれた子どもに感謝しましょう。**もちろん親の考えが正しいこともあります。でもその時は、子どもを馬鹿にしたりしないでください。**子どもは失敗した経験から、世の中をまた一つ知り、より良い自分に近づくのです。

私にとって子どもを育てるとは、一つまた一つと学んでいく子どもに寄り添うこと。ただそれだけです。

教育担当大臣なんて夢見たことはありませんが、もし大臣になれたら、まずは教育シンポジウムを開くと思います。今の教育界の意見の対立（教育理念の混乱、目的と方法の間の矛盾、大人がもつ恐怖心、親・教師・生徒の間の溝など）を全てテーマに入れて、全国民と教育のディスカッションを行います。きっと率直に意見を言い合えると思いますし、全ての人のマインドセットを変えられると思います。様々な立場にいる人がそれぞれ自分にできることを考え始めることで、教育の変革が起こるでしょう。私は楽観的な理想主義者なのです。

今ある制度をほんの少し修正したくらいでは、大きな変革を起こせるとは思えません。また、政府と現場が責任を押し付け合ったり、親と子、親と教師、教師と生徒の間で不満を言い合ったりしても、前向きな結果は生まれないでしょう。

Q

教師

自然（日本の理科にあたる）**の授業を担当しています。**長年教師をしていると、昆虫にちょっと詳しくなる以外に、**野外活動で何か得るものはあるのだろうかと疑問に感じます。**どう思われますか？

A

昨日、ちょうど学苑の会議の中で、「学習」について話し合う機会がありました。そこで改めて確認したのは、私たちの考える**「意味のある学習」とは、「発見」を通じた学習**だということ。つまり学習の主体（生徒に限らずどんな人でも）が学習の対象に対し、何かを感じ取ったり、今まで気づけなかったことに気づいたりすることです。単に誰かに教えてもらった内容を自分の記憶の中に入れていけばいいというものではありません。

子どもは時々、「こんなこと本を読めば分かるよ。時間をかけて山の中を歩くより、図書館で本を読む方がずっといいのに」と言います。「知識の量」だけを言えば、確かにそうでしょう。でも「何かを感じ取る」という点ではどうですか？ 自分で経験しなければ、本の中にある花の香りや鳥のさえずりを「感じる」ことはできません。昆虫が飛び立つ瞬間の驚きや、夕日に染まる虹《にじ》の美しさを知らない限り、徐々に人は感じる力をなくし、挑戦する勇気や、新しいものを生み出す意欲も失ってしまいます。

子どもの読書に反対するつもりなどありません。私自身は本を愛し、知識を愛する人間です。ただ、子どもにはいつも「実際にやってみなさい」と言います。**自分で経験すると、本の中には書かれていない発見があったり、同じ出来事に対する考え方が、自分、自分以外の人、本の作者でそれぞれ違うことに気づいたり、同じ経験も一度目と二度目では感じ方が違うことに気づいたりします。**こうして「一人ひとりが唯一無二の存在」という意味が分かるようになるのです。


多くの学習は、長い間その環境にどっぷりつかることでようやく効果が現れるもの。だからこそ、種子学苑の校舎は遠く山の中にあるのです。学苑の教師は、子どもの成長に山や川が大事だと考えています。都会の子育てには都会ならではのメリットがあり、田舎には子どもを育んでくれる田んぼや原っぱがあります。**自分には選択肢がないという人は、少し環境を整えて、子どもに新しい経験をさせてあげればいいのです。**このほか、感情、感性、人生など、どんなことを学ぶ時も同じことが言えます。

自分も教師になって常々思うのですが、**先生自身に感動体験がなければ、教育は単に知識を伝える作業になるでしょう。**そうなると、子どもが文字を覚え、本を読めるようになった後、先生にできることはなくなってしまいます。

Q

小学校を種子学苑で過ごした生徒は、中学、高校に行った時どんな問題に直面しますか？

A

学校設立から三年半が経ち（執筆当時）、すでに一〇名以上の卒業生が様々なタイプの中学校に進学していきました。

この間に私たちが学んだのは、あなたの質問に対する答えは一つではないということ。子どもたちは一人ひとり異なり、家庭も、進学した中学校も違うので、その状況や課題も同じではありません。

でも私たちは心配などしていません。なぜなら子どもたちは、「何を学ぶか」を決めるのは自分の責任だということ、そして人は周囲の環境と切っても切れない関係にあることを知っているからです。学校の文化はそれぞれ違います。では、なぜ「自分」はこの学校を選ぶのだろう？　入学したら、どんな人やどんな出来事が待っているだろう？　今の自分にできる準備は何だろう？　卒業時には、誰もがこうした課題に向き合い、自分の学習環境を選択するのです。

卒業生の中には、成績優秀で中学校の先生を驚かせた子もいます。卒業生が何でもテキパキと行うのを見て、中学校の先生が種子学苑を見学したいと言ってきたこともあります。中には途中で転校を決めた子もいますし、自分だけの能力を生かせる場所を探している子もいます。

学苑が生徒の家族と共に歩もうとする理由は、家族が子どもにとって学校以上に長く付き合う相手だと知っているからです。**応援してくれる家族がいれば、子どもは決して挑戦する意欲や生きる勇気を失いません。**

社会はきっと変わります。だから、子どもたちには世の中に立ち向かう知恵と勇気をもってほしい。この学苑は創立してから日が浅いですが、卒業生たちの今の姿は、「このまま進み続けるべきだ」と私たちに教えてくれます。もし可能であれば、正式な中学、高校を作って、子どもの人格的な成熟にも寄り添いたいものです。

Column 4

1、ある若い女性の先生が、種子学苑で働きたいとやってきました。ところが試用期間中、すっかり元気をなくし、困った顔で私にこう言いました。「叩《たた》くのも怒鳴るのもダメ。怖がらせる言葉も口先だけの甘い言葉もダメ。子どもの心や体を傷つけることは一切許されないというなら、一体どうやって指導すればいいんですか？」

私は「教師の役割をもう一度考え、本気で子どもと向き合いなさい」と答えました。「勉強する責任は子どもにあります。これまで当たり前にやってきた方法を全て手放してごらんなさい。きっと違う景色が見えるはずですよ」

2、ある日、ユングは師であるフロイトと夢の解釈について話し合いました。ユングはフロイトの夢を分析し、「この夢に隠された意味を解き明かすために、先生の幼少期のお話を聞かせてください」と頼みました。するとフロイトは首を振り、「ダメだ。師としての威厳を失いたくない」と答えました。それを聞いたユングは、「先生！　あなたの威厳はたった今失われました」と言ったのです。

3、ある羊飼いが、羊が逃げないように電気が流れる柵《さく》を作りました。柵から出ようとした羊は、一匹残らず電流の恐怖を味わいました。ある日、この羊飼いは心を入れ替え、電気柵を取り壊して言いました。「もう君たちは自由だ！　この広い野原を好きに駆け回るがいい！」。ところが、外に出る羊はいません。まるで今も電気柵があるかのように、どの羊も足を止めてしまうのでした。

Q

親

子どもの学校の教員は、しょっちゅう生徒に暴言を吐きます。土下座を強要することもあるそうです。生徒に居残りさせ、トイレを我慢させてまで暗記テストをする学校もあると聞きます。**もしあなたが保護者なら、どんな対応をしますか？**

A

もしこれが先生の性格だとしたら、まずその先生と話し合ってみます。自分たちと先生は重視するポイントが違うのかもしれないし、双方の認識にズレがあるのかもしれません。話し合いにはルールがあります。時々話し合いと非難の区別ができず、感情的になって教師と対立する保護者がいますが、これも良くありません。

話し合いが成立しなければ、保護者会に連絡して、他の家庭の反応を聞きます。その上で、保護者会に介入してもらうか、校長や教育委員会に連絡を取ります。

もしこれが学校の校風だとしたら、まずは転校させると思います。その後で余裕があれば、別の行動をとるでしょう。

第2章

なんのために勉強するの？

Q

子ども

どうして勉強しなければならないの？

A

あの日、私はあなたの小さな手を握り、なめらかな砂浜を歩いていました。あなたはきゃっきゃとはしゃぎながら、色々な話を聞かせてくれましたね。私は心の中でとてつもなく大きな幸せを感じていました。

あなたは拾った流木で海岸に大きな「大」「天」「母」の字を書くと、得意気に「見て！　字が書けるようになったんだよ！」と言いました。

北海岸の野原には満開のユリの花が咲いていて、あなたの顔は、たった今開いた花びらのように輝いていました。あなたの目の前には、山、海、岩、空、この世界の全てが広がり、あなたが一歩一歩進んでいくのを待っています。私はその姿に無限の可能性を見たような気がしました。

あなたは軽やかな足取りで砂浜に残ったカニの足跡をたどり、遠くへ歩いていきました。あなたほど若くはない私は、藻や海苔《のり》がびっしり付いた岩の上で、岩にあたる波の心地良さを感じていました。今は自由気ままなあなたも、間もなく学校に通う日が来ます。まんまるとした後ろ姿を見ていたら、ふと「学び」について話をしたくなりました。今日一緒に遊んだ記念のプレゼントです。大きくなって、字が読めるようになったら、この手紙を開いてください。私の心からの願いを込めておきます。

二十一世紀の子どもたち。大人はあなたたちに学んでほしいことがたくさんあります！　きっとあなたも「知りたい！」と叫ぶ心の声に動かされて、一つ一つ物事を学んでいくでしょう。でもどうか知っておいてほしい。「学び」は学校の先生が配る本の中だけにあるのではありません。**人生で本当に必要な学びは、自分に責任をもつことです。**

人は何かの縁があって、この世界に生まれます。それから数十年かけて、身の回りにある環境と様々に関わり合い、一つ一つ苦労してこの世界に慣れていき、ある日、再びこの世から「あの世」へと戻ります。あなたはこの一生をどんな風に過ごしたいですか？

人間の子どもがこの世界でいい人生を送るためには、二種類の学びが必要です。

一つは技術を学ぶこと。皿洗い、掃除、絵の描き方、ボールの打ち方、包丁の使い方、ピアノの弾き方、車の運転、お裁縫、爪の手入れ……狩りや釣りの技術が必要な場所もあります。こうした技術を学ぶには、師匠を見つけて、師匠のやり方を真剣に見た後、手を動かして自分でやってみることが重要です。分からないところは質問して、一回一回練習を重ねていけば、コツがつかめるようになります。

もう一つは、知識を学ぶこと。国語、算数、理科、歴史、地理……これらは人類が地球について知ったことや、人と人との関わりを通じて考えたことを、数千年かけて積み重ねてきたものです。現在の学校教育で学ぶ内容は、主にこの知識で構成されています。

この知識の半分は、風や電気がある理由、生き物が子孫を残す手段、病気を治す方法、身近にいるカエルや植物、野菜、珍しい蝶々《ちょうちょう》やカタツムリの名前など、この世界を知ることを指します。こうした知識を身につけることで、身の回りの環境が大切に感じられ、宇宙の神秘について理解が深まり、生きることへの恐怖心が少し和らぎます。また、水、光、電気などのエネルギーの活用方法を知ることで、人類の生活をより良くすることもできます。

もう半分は、言語、文学、法律、歴史、芸術、哲学など、人が人と暮らす中で生まれた知識です。こうした**知識は、人間の行動をよりよく理解し、より豊かで快適な生活を送るために役立ちます。**

知識を学ぶには、先生に教わり、本を読むだけでなく、恐れずに疑問を投げかけることが大切です。少しでも疑問を感じたら、それを明らかにしましょう。図書館に行ったり、映像を見たり、インターネットで検索したり、人に聞いたり、自分で考えることもできます。**小さな疑問が大きな発見につながることは珍しくありません。**多くの人が、たった一つの疑問を解決するために、一生を費やしてきました。「物はなぜ上ではなく下に向かって落ちるの？」「星はなぜ動くの？」「人はなぜ怒るの？」といった今では当たり前のことも、当時の人にとっては驚くべき新発見だったのです。

疑問を口にすることを恐れてはいけません。疑問があるのに答えを探さない方がよっぽど恐ろしいことです。反省する力、物事を批判的に見る力、考える力、新しいものを生み出す力。これらはまさに疑問を投げかけ、解決することで育つものです。

疑問に対する答えを探す間、時にはあなたを馬鹿にする人に会うかもしれませんが、気にしてはいけません。何かを疑問に感じたら、それはあなたにとって本当に解決しなければならない問題なのです。自分は頭がいいと信じていて、他人を馬鹿にするのが好きな人ほど、つまらない人が多いものですよ。

さあ！　学べるものは山ほどあります。何から学んで、何を後回しにしたらいいでしょう？　多くの大人が、一生をかけて「どうしたら子どもはうまく学んでくれるか」を研究し、それを教科書という形にしてきました。ですから、学校が用意したとおりに学べば、大人が考える最も重要で、最もうまくまとまった内容を学べるわけです。しかし、**人はそれぞれ違うので、皆に合うように作られていても、中にはあなたに合わない所があるかもしれません。**何もかもしっくりこないと感じるかもしれません。もちろん、学校のやり方がちょうどいいと感じる可能性もあります。どれに当てはまったとしても、大切なのは自分の感覚を信じること！

この課題に向き合うことこそ、私たちの言う「自主学習」です。

自主学習とは、知識や技術を身につけることではなく、生活の中でいつも心に留めておくルールのようなものです。具体的には、何をする時も、何を学ぶ時も、素直な心を持ち、誰かや何かのせいにせず、自分にも他人にも嘘をつかないこと。そして、自分の能力、個性、長所、短所を理解し、自分のありのままの姿を受け入れ、自分の人生を自分で決めることです。

だから、もし学校から与えられたものが自分に合わないと感じても、心配することはありません。それはそれで参考にして、自分に合ったスピードや内容に修正すればいいのです。修正する方法が分からなければ、まずはその疑問から解決していきましょう。才能も、努力も、環境も、人によって違います。重要なのは、あなたが自分を大切に思い、楽しく過ごせるかどうかです。

全ての人があなたに優しくしてくれる保証はありません。でも誰だって自分に優しくすることはできます。**自分を大切にする人だけが他人のことも大切にできますし、自分の意見や感覚を他人と分かち合い、他人や世の中との間に強いつながりを持つことができます。**多くの人が「小さい頃は親のために勉強し、大人になったら家族のために仕事をし、まるで一生他人のために生きているようだ」と嘆き悲しみます。しかし、こうした周りの人がいるおかげで、安らぎやぬくもりが感じられ、人生が意味あるものに思えるということは忘れがちです。

人生はまさに発見と学習の連続です。**自分を大切に思う人だけが、学校を離れた後も、生活や仕事の中で学び続けることができます。**世の中の「当たり前」に疑問をもった時、その人の体の中には不思議を感じる力が流れ込んできます。すると楽しいことも苦しいことも、全てが経験とチャンスに変わります。しかもこの力は、学ぶことでもっともっと大きく、輝いていきます。実はどんな人にもこの力を手にするチャンスが与えられています。ただ、それに気づける人と、そうでない人がいるだけなのです。

私はあなたより少し長く生きているので、今では自分がこの世を去る時の姿を想像することができます。最後に目を閉じるその瞬間、こう言い残したいものです。

「本当にいい人生だった！」

Q

親

「ほんとうに学びたいこと」を探すのは、簡単ではありません。子どもにとっては無駄な時間になるだけではないでしょうか。まずは、教科書通りに学ぶことのほうが大事だと思います。

A

昨日、図書館で長いことお話しした時、私にはあなたの心配や不安が伝わってきました。家に帰って少し考えた後、自主学習と他者主導型学習（親や教師がリードして内容を決める学習）の違いをお話しするため、あなたに手紙を書くべきだと思いました。

現代の親は自分の子どもに対し、自立心、コミュニケーション能力、責任感、自己管理能力、物事への探求心などを持ってほしいと思うものです。しかし、これは教育によって叶《かな》えられる「目標」であり、教育の方法ではありません。

ではどんな教育をするべきか？　この疑問に対する向き合い方は、人生や命に対する考え方によって違います。

あなたは人の命を道具のように扱う人ではないので、「老後に備えて子どもを育てよ」という古い考えを押し付けたり、現代の様々な集団主義者のように、自分や他人の子どもに非現実的で崇高な生きる目的（国の名誉や家族の面目）を求めたりはしませんよね。でもあなたは子どもの将来を心配するあまり、もし不真面目に育ち、生計を立てられなくなったら？　意志が弱く、分別のない人間になったら？　競争に敗れて、路頭に迷ったら？　などと考え、まだ自分の目が届く小さい（あなたが間に合うと思える）うちに子どもを教育して、意志の強さ、判断力、親しみやすさ、協調性、さらには仕事につながる一つ以上のスキルを身につけさせようとしています。

あなたは「こんな風に考えるのは正しくないと言うんですか？　母親として、心配せずにいられますか？」と言っていましたね。

心配することが正しくないと言いたいわけではないのです。でも心配すればするほど、事態は深刻になるでしょう。なぜなら、自主学習と他者主導型学習の違いは、まさに「**この心配とどう向き合うか**」にあらわれるからです。

他者主導型学習では、親や教師などの大人が子どもの人生に起きうる危機や困難を全て予想し、それに向けて準備できるよう子どもを手助けします。子どもが大人の望んだ結果を出せそうにない時は、先回りして行動を制限します。例えば、「宿題が終わらなかったら、寝てはいけません」「ご飯を食べなかったら、遊んではいけません」という具合に。ここでは、大人が自分または社会の価値観に従って、宿題は睡眠よりも、食事は遊びよりも重要だと判断しています。子どもを大人が望むとおりに行動させようとするのは、それが子どもにとっていいことだと信じているから。でも、子どもが楽な方へと流れることも心配です。そのため、大人はご褒美や罰則といった強い圧力の必要性を感じます。

一方、自主学習では、まだ起こっていない遠い未来の危機や困難を予想することは滅多にありません。親や教師は、今まさに子どもが直面している大小様々な困難にのみ注目し、今の子どもにできる方法で対処するよう励まし、自然に生まれた結果をもとに指導します。例えば、「宿題が終わらなければ、自分で先生にそう伝えないといけないよ」「今ご飯を食べなければ、次の食事まで何も食べられないよ」と伝えます。宿題と睡眠、食事と遊びのどちらがより重要か、子どもの代わりに大人が判断することはありません。**大人が用意するのは、子どもが落ち着いて宿題ができる時間と、安全に眠り、ご飯を食べ、遊ぶための場所だけです。**

子どもは必ず楽な方へ流されるとも、必ず一生懸命に努力するとも決めつけず、**子どもは今いる場所で、今できることをするものだ、と考えるのが自主学習です。**親や教師自身も、自然でまっさらな心の状態で子どもに接しなければいけません。子どもを放っておくのではなく、ただ子どもを信じ、大人は大人の役割を果たしながら、子どものことは子どもがやるべきだと考えるのです。

子どもは一つ一つ選択し、経験してこそ、自ら進んで努力しようと思う目標を見つけられます。こうして人と協力する能力や、事務作業をこなす能力を身につけ、さらに心から誰かを大切に思い、尊敬できるようになるはずです。

大人がするべきこと、子どもがするべきことの内容は、大人と子どもで話し合って、両方が納得できる答えを見つければいいでしょう。

あなたは「子どもが時間を無駄にしたらどうするんです?」と尋ねました。

私は「あなたが時間を無駄にしたらどうするんです?」と聞き返しました。するとあなたの表情がさっと曇ったので、きっと不愉快な思いをさせたのだと思います。でもこれは本当のことです。子どもも大人も一日は二十四時間しかないのに、子どもだけが時間を無駄にしているなんて言えないでしょう?

あなたは子どもを叩《たた》かない母親なので、子どもを叩く親以上に不安を覚えるのだと思います。なぜなら、目標を達成させるために子どもを叩く親は、少なくとも子どもが怖がってすぐに言うことを聞く姿を見ているからです。でも暴力をふるえば将来必ず子どもの人格形成や親子関係が犠牲になると分かっているから、あなたは子どもを叩きません。かといって自分の望み通りに子どもを育てる方法を知っているわけではないから、心配で不安になるのですよね。

近代になって、他者主導型学習の研究者は、面白いことに気づきました。子どもは、心から喜んで学ばないと、知識が身につかないばかりか、心の中に葛藤《かっとう》が生まれてしまうというのです。そこで学習者が進んで学ぶよう、様々なメソッドが考えられました。例えば周囲の環境を整える、集団心理に働きかけるといった方法です。こうすれば、確かに子どもは喜んで学ぶかもしれません。「優秀な」働き手を生み出すこともできるでしょう。こうしたメソッドが書かれた本はいくらでも見つかります。

しかし、これは私が良いと思う教育方法ではありません。なぜなら他者主導型の教育を受けた子どもには、**「自分が本当に学びたいことを発見し、自分の能力で何かを達成した経験と自信」**がないからです。

自主学習では、大人が子どもをサポートし、子どもと意見を交わすことで、子どもは小さい頃からいつも自分で選択し、挑戦し、対応し、変化してきたという自信と勇気を持つことができます。これらは、やがてこの世を生きるための自分だけの知恵になります。結果的に社会に振り回されることなく、自分らしくいることができます。

どちらの学習方法でも、協調性や社交性、愛情、魅力などを身につけ、社会に認められるようにはなると思います。しかし、**社会は知らず知らずのうちに人々を道具や物のように扱って、支配しようとします。それに対抗できる力は、自主学習でしか育**

ちません。だから私は他者主導型ではなく、自主学習を主張するのです。

教育の専門家は子どもを持つ親に対して、よく「スタート時点で負けが確定してしまいますよ」と脅したり、「道を踏み外さないよう、お子さんのそばにいてあげて」と忠告したり、「成功した親になりましょう」と言ったりします。この言葉に従って「成功」した親たちは、子どもにも同じように成功してほしいと望みます。

しかし自主学習では、自分の子どもがスタート地点やゴール地点で負けたらどうしようと思うことも、子どもに世間のいう成功を収めてほしいと願うこともありません。**親が子どもに望むのは、常にはっきりした考えを持ち、自分の人生の主人公でいることだけ**なのです。

Letter 1

自主性と学びについて　天風《テイエンフォン》（当時17歳　長子オードリー・タンのペンネーム）

今開いているこの本は、半年間にわたる教育と学習のふりかえりです。「教育」は他人の人生に向き合う芸術であり、「学習」は自分の人生に向き合う芸術です。ふりかえりとは、複雑な世界に何とかして向き合うことで、努力が実を結ぶまで簡単に諦《あきら》めないことです。

この世界は、あらゆる場面で私たちに「簡単に諦める」ことを教えようとします。決められた価値観の中では、自分の人生を自分で生きることもできません。理解とは覚えること、創造とは繰り返し読むこと。そして学習とは、先入観を積み重ね、様々なシステムの言いなりになることです。私たちはこの世界に適した自分になろうと必死になるうちに、疑問に思う力や好奇心を失ってしまいます。

しかし、自分で手に入れた知識以外に、自分を作ってくれるものがあるでしょうか？　自分自身を理解する以外に、恐れから逃れる方法があるでしょうか？

「自主学習」は、まとまった知識を学ぶことではなく、どう生きるかという態度を示すものです。自分の限界を知り、他人を支配しようとせず、今あるルールを見つめ直し、恐怖心から逃げないこと。でもこれには、まず発見と自立の喜びを知り、他人に与えられたものや習慣に頼らないことを覚える必要があります。

人はなぜ学ぶのか？　それは、コミュニケーションの方法を理解し、世の中を変え、世の中と自分を結びつけるためです。自分の力量を理解し、心の声をしっかりと聞き入れ、現時点での限界を知れば、たとえ世界に無数の方法があふれ、新しいものが次々と誕生しても、迷うことはありません。

この本には実用的な話が少なすぎると思う人もいるでしょう。でも文字から何かを読みとる時、読者はいつだって自分の原体験を投影しています。そのため、読者が一人ひとり違う以上、万人に通用する決まりもありません。行間から見えてくるのは、読者自身の姿や感情、実感です。この上さらに作者の人生から何かを手に入れたいと考えるなんて、贅沢《ぜいたく》というものです。

教育者は本当に何かを「教える」ことができるのでしょうか？　種子学苑の先生の役割は、生徒と一緒に、**誰もが傷つかず、怖い思いをしなくていい環境を整え、生徒を心の底から信じること。**ただそれだけです。両足を縛られてさえいなければ、子どもはいつだって自分の道を見つけられます。魚の体に無理に二本の足を付けたら、魚は自由に泳げなくなるでしょう。「**子どもを信じ、自分の心を整理する**」のは、**本で読むと簡単そうですが、実際にやってみると、いくつもの壁が待ち受けている**ものです。

一年前から、私は人に干渉することをやめ、世の中の声に耳を傾け始めました。それでも、いつも誰かを傷つけるのではないかという不安を抱えていました。その後、自分や他人を傷つけていたものの正体は、この「不安」であることに気づきました。

そして今、この本に書かれていることばは、どれもこう呼びかけているように感じます。

「本当にやりたいことを、思い切ってやってみなさい！」

第3章

「理想の教師」なんて、ほんとうにいるの？

Q

新人教師

自分が子どもたちとうまくやっていけるか、自信がありません。

A

昼下がり、学苑のリュウガンの木の下は本当に気持ちのいい場所です。渓谷から風が吹き抜け、目の前では子どもたちが楽しそうに遊んでいます。遠くにはタマスダレの小さな花が、青々とした草原に白い点々を描いています。背の低い木の椅子でご飯を食べていたら、ふと純粋な幸せを感じました。それはまるで、夕暮れ時に南の山々が幻想的に青く染まる風景のようでした。

あなたを昼食に誘ったのは、二時間目の授業中、子どもたちを前にしたあなたが、困ったような、自信を失い傷ついたような顔をしていたから。何日か前、私も生徒が授業に来なかったことであれこれ考えたのを思い出して、あなたと話をすることがお互いにとっていいことだと思ったのです。

学苑に来たばかりの先生が最も苦労するのは、子どもとどう向き合うかです。ここでは大人はなんの権威も与えられず、子どもに罰を与えることもできません。だから子どもは、プラスの感情もマイナスの感情も全て含んだ素の自分を、思い切って表に出してきます。素の状態で向き合うと、**既成概念にとらわれていた大人は、たいてい自分が子ども以上に弱い存在だと気づく**のです。

この学校の見学者には、突然子どもの邪魔をする大人や、押し付けがましい質問をする大人がよくいます。それに対し子どもが冷たくあしらったり、嫌な態度を取ったりすると、大人は体面を保てず、気まずい空気が流れます。中にはこうした失敗体験を拡大解釈して、自主学習の子どもは全員礼儀を知らない「悪い子」だと言って、学苑を困らせる人もいます。一方で、見学の途中にたまたまコミュニケーションが上手な子どもに会ったために、この学苑は素晴らしい、大いに広めるべきだと言う人もいます。

実際にはどちらもこの学苑の一面にすぎません。**子どもは自分に自信をもって初めて外の世界ともうまくやっていけるようになります。その時、私たちはこの子が「大人になった」と言うのです。**

まだ成長途中の子どもに対し、新人先生が苦労するのは、自分の立ち位置が定まらないからです。私が新人だった時も、同じように悩んだものです。**子どもが自分を好きになってくれた時は、子どもって天使みたいだと感じ、自分の親切心を拒否された時は、恩知らずの分からず屋だと感じ、子どもに嫌われた時は、すぐに自分のやり方**

に疑問を持ちました。でもそうしているうちに、子どもはその瞬間に感じたことをそのまま表現しているだけなのだということに気づきました。穏やかだった湖面も風が吹けば波打つのと同じです。

一緒に楽しくカードゲームをしていても、突然あなたの声が気に入らないと感じて不機嫌になるかもしれません。ボール遊びでパスをあげた時は喜んでも、あなたが他の子に優しくしたら怒り出すかもしれません。今日は授業が楽しくて、「先生の授業が一番好き」と言っていても、次の日は授業を休んだかと思えば、面と向かって「先生の授業は大嫌い」と言うかもしれません。生徒に好かれようと思えば思うほど、先生の心は変わりやすい季節風のように激しく混乱してしまいます。でも、こうした先生もいずれは**自分が他人の評価に振り回されていることに気づき、自分らしさについて考えるようになる**ものです。

あなたはなぜ先生になろうと思ったのでしょう？　教育改革の理想を実現するため？　生命への好奇心のため？　この学苑の教師が皆幸せそうなので、その一員になりたかった？　世の中に絶望して、ここを唯一の極楽浄土だと思ったから？　単に食べていくために就職先を探していたから？　でも理由なんてどうでもいいのです。ここに来た時点であなたはこの学苑の一員です。きっと学苑の大人や子ども、全ての人に促されて、あなたも自分の内面と向き合う毎日を送るようになることでしょう。

自主学習の学校に長く勤められる教師は、ほとんどの場合、自分の存在や仕事の意味について、しっかりと自分の考えを持っているように思います。先生方は心から子どもを大切に思い、人の闇も包み込んでくれるだけでなく、子どもは大人のサポートがあれば自然と興味を見つけ、自分を受け入れるものだと考えます。自分の方向性や頑張る理由を見つけることは、その子が他人と前向きに関わり合うための基礎になります。こうやって自分を受け入れ、自信をつけたことで生まれた愛情と道徳心こそ、人生を上向きに、より良い方向へ導くための力になります。

ですからこの学苑の先生は、決して子どもの機嫌をとったりしないし、自分の仕事を投げ出したりすることもありません。自分の心の平穏を保ち、自分の生活を楽しみながら、自然に子どもと関わり合っていく中で、自分の生き様を生徒に伝えています。

「でも私は先生ですよ！　子どもに勉強を教える責任があります」とあなたは言いました。

そう思ってくれることには感謝します。しかし、私たちは長いこと子どもと関わってきて、**教材を替えたり教え方の技術を磨いたりしても、効果は限られている**と気づきました。**学習の効果を決める鍵は、子どもの学ぶ心**です。だからまず考えるべきなのは、どうやって子どもの学習意欲を高めるべきか？ということです。

私たちは、子どもを怖がらせたり、甘い言葉で誘導したり、周りの状況から暗示をかけたりする方法は好ましくないと考えます。ではどうするか？　残された方法は、**先生がそれぞれの学問を心から好きになること**です。

音楽を愛する先生は、人生にいつも音楽が満ちあふれています。中国武術に夢中な先生は、日常の体の動作全てに武術を応用しています。算数が好きな先生は、何を見てもその中にある原理原則の美しさに気づきます。では語文（言語・文学）の先生は？その学問が心底好きでなければ、その魅力を子どもに伝えることなんてできません。**魅力を感じることのできない学習経験は、全く味気ないものです！**

どんな学問にも、機能性と魅力の両方が備わっています。機能性ばかり強調してひたすら反復練習をさせると、子どもはすぐに学習意欲を失ってしまいます。でも勉強が好きになれば、自然にもっと知りたいという気持ちになり、一生学ぶ喜びを感じ続けられます。たとえ苦手な科目があって、自分は一生この道には進まないと思っても、その分野で働く人を差別したり嫌ったりするようにはなりません。大人になって少し落ち着くと、色々な分野の学びを深めるゆとりも出てくるでしょう。これが様々な価値観を認めるということです。

あなたの好きなものは何ですか？　ご存じのとおり、この学苑にいる先生は、皆いくつも好きなものを持っています。**好きという気持ちがあるから、その分野が得意になり、専門家にだってなれるのです。**あなたが愛してやまないものは何ですか？　それを子どもたちに伝えてください！　生徒があなたを通してその魅力をのぞき見できるように、常に可能性を残してあげてください。この学苑で先生方に教材や教え方の自由が与えられているのは、それが先生の力を最大限に発揮し、生徒に学習の魅力を感じてもらえる唯一の方法だからです。

あなたは真面目に自分の授業に取り組み、生徒に授業があることを伝えて、助けを求められたら手を差し伸べる。これで充分です。授業に来なさいと言う必要はありません。本当に授業に来ない時は、必ず何か理由があるはずです。様子をうかがったり、子どもと話してみたり、または親と協力して理由を探し出し、対応を考えることもできます。もしどうしても相性が悪いということになれば、他にも先生はいますから、心配しないでください。

私たちはまっすぐな心で子どもと一緒に歩んでいます。おんぶしてあげる必要はありません。それでは子どもが自分で歩くチャンスを奪ってしまいます！

新人先生、幸運を祈っています！

Q

教師

李先生の同僚です。私は、李先生が軍軍《ジュンジュン》という子を諭す場に居合わせました。**なかなか自分から学ぶことができない子を前にして、先生は戸惑われているようでした。**

A

この手紙を書くのは、不安だからです。不安の原因は、あなたがしたことではなく、自分がしたことにあります。

あの日私たちは、軍軍に何とかして自分で学ぶ責任を知ってもらおうと話をしていました。私は、「この子には、これまでのやり方が通用しないと分かってもらい、態度を改めてもらわないといけないんだ」と自分に言い聞かせ、子どもに対し権威を振りかざし、その場をしのごうとしました。

勝ったのは私です。でも内心複雑でした。私は何日か自分をだました後、今日書斎の机に向かってあの出来事を記録しながら、全てをもう一度最初から思い返しました。息子を呼び止めてこの話をしたら、自分が自らを正当化するための言い訳を探していたことに気づきました。たとえ他人に気づかれていなくても、言い訳は言い訳です。

きっと**私は「教師の責任」という大きな罠《わな》にかかった**のだと思います。この一件で限界まで追い詰められた結果、ようやく自分の中にある矛盾に気づくことができました。

あの日は、とてもいい天気でした。私とあなたは、遊んでいる軍軍に「話をしよう」と声をかけました。軍軍は私たちを見ると、「ついてない」という顔をしました。話をしている間もずっと唇をぎゅっと結び、どんな優しい言葉も右から左に聞き流しているようでした。私は、この時の自分が保護者の目に映る「責任感のあるいい先生」になろうと意気込んでいたことを認めます。本当にいけないことでした。

学校を始めて三年、**私は常に「無責任な教師」と非難される悪夢にうなされていました。**一般校の先生であれば、子どもをおんぶした状態で、本人の意思や感覚とは無関係に、大人が重要だと思う知識をあらゆる方法で子どもに詰め込みます。たとえ子どもの学習意欲が奪われ、心に様々な後遺症を残しても、この先生がはた目には真面目な先生と映るのは、「責任を果たしている」からです。

自主学習の先生の難しさはここにあります。自主学習では、先生が自身の力量を理解し、必要な余力を残した上で、子どもが周囲や自分の真の姿に気づけるよう導いてあげる必要があります。「明確な意思をもって何もしない」のは、多くの場合「感情を押し殺して何かする」より骨が折れるものです。

あの日私は軍軍に対し、「感情を押し殺して何かする」方を選びました。今となっては「なぜあんなことを？」と思います。でもあの時、私は怖かったのです。保護者から「この学苑の教師は無責任だ」と責められ、子どもたちを一般校に連れ戻されるのではと思うと、怖かった。だから私は自分の力量をはっきりと自覚しないまま、ご両親を安心させるためには、一番傷つかない方法であの子に言うことを聞かせるしかないと思ったのです。

軍軍は、いわゆる「聞き分けのない子」です。勉強だろうと掃除当番だろうと、先生にいつも注意されては、のらりくらりとかわします。遊んでいる時も、気に入らないことがあるとすぐいなくなります。でも遊びに関しては他の生徒を引っ張るような存在だったので、軍軍にあこがれ、真似をしようとする生徒もいました。多くの大人が、他の生徒が悪い影響を受けるのではないかと心配していましたが、それを上回る心配をしていたのは軍軍のご両親でした。なぜなら学苑に来て半年、この子には目立った変化が見られなかったからです。

この様子ですから、もちろん選択科目は何も選びたがりません。もし学苑が語文（言語・文学）と算数を必修科目にしていなければ、本当に何一つ勉強しない可能性がありました。

こうした性格になったのは、当然理由があります。もしご両親がおおらかな気持ちで、自ら進んで親子関係を見直そうとしていたら、問題はもっと早く解決していたかもしれません。しかしご両親がこの学苑を選んだのは、我が子を短時間で自然と勉強する子に「変身」させてほしいと望んだからです。一日また一日と過ぎていく中で、どうやら先生にも打つ手がないようだと感じたご両親は、言葉からも焦りの気持ちがあふれ出し、学苑もプレッシャーを感じるようになりました。

私たちが心を尽くすことでご両親を変えられたらいいのですが、過去の経験から言うと、親が変わろうと思わない限り、私たちの言動は誤解を生むだけです。では、このまま子どもを一般校に連れ戻されていいのでしょうか。そんなことになれば、生徒本人に申し訳ないですし、ご両親が嫌な気持ちを引きずったままでは、学苑に多かれ少なかれ悪影響を及ぼします。

ご家族の理解を得ないまま子どもを変えようと思っても、それは難しいことです！　なぜならこの学苑は通学制で、生徒は毎日家に帰るからです。

ではご両親の態度を受け入れ、現状も変えないまま、子どもの変化を後押しできるでしょうか？　可能性はあります。考え方に違いはあっても、子どもを大切に思う気持ちは同じです。ご両親が重視するポイントに従って子どもを変えていけば、結果的にご両親も変わっていくかもしれません。だから私はこの苦しい状況を打開するために、まずは何か手を打たなければと思いました。
そう、恐れからくる行動には必ず間違いがあるものです。

この半年間、学苑の全ての先生が、軍軍のために力を尽くしてくれました。結局は平行線でしたが、少なくとも学苑の先生に悪意がないことは分かってもらえました。ただ、軍軍は「この世に不可能はない」ことを知っています。**大人は限られた時間にたくさんの仕事をする必要があるので、時間を「消耗」しさえすれば、最後に勝つのは子どもの方です。**大人が音を上げればそれまでで、どうせ先生は子どもを叩いたり、怒鳴ったりしない――「大人に何ができるっていうの?」

そこで私は、まず掃除の問題から始めようと決めました。クラスの話し合いの場で、何度注意しても掃除しない人がいることに触れ、クラス全員と約束を交わしました。「もし今後注意しても聞かない人がいれば、先生は学苑の裁判所に訴えて、その人に責任を取ってもらいます」。その結果、軍軍と友達は、掃除を理由に訴えられた学苑で最初の生徒になりました。裁判が行われ、「一人二袋の砂袋を砂場に運ぶ」という労働が科せられました。子どもたちが砂を運ぶ間、私はやり方を教えましたが、怒りも同情も見せませんでした。これ以来、軍軍は注意される前にきちんと掃除をするようになりました。この件に関して私に不安はありません。

しかし、勉強の問題について、私の対応は度を越していました。軍軍は、自分で時間を決めて自分で勉強する自習クラスを選んでいました。ところが一か月経っても、家でお母さんに言われない限り、ノートはいつも真っ白。どう見ても大人の助けが必要だと感じ、私はクラスがえを提案しました。

もしこの子が他の生徒と同じように、学ぶ意欲があるか、学ぶ必要性は自覚していて、単に遊びに夢中で勉強するのを忘れただけだとしたら、先生がするべきことは、注意を促すことだけです。でも軍軍は、勉強したくないのです！ 少なくとも現状では学ぼうとしない子に、何ができるのでしょうか？


自主学習の考えに従えば、私たちは少しの間そのまま待ってあげることが必要でした。しかし、ご両親は待ってなどいられないでしょう。軍軍にもこの状況を説明してみましたが、気にしてもらえたのか、理解してもらえたのか、私には分かりませんでした。もう時間がない！ そう思った私は、優しく、でもはっきりと、嘘のない方法で話し合い、勉強することを約束する誓約書にサインをさせました。この子は、まだこの学苑にいたいと思っているからこそサインしたのだと思います。

今私は、書斎の机に向かいながら、今回の件を整理し、自分の恐怖心に向き合っています。次はもっと自分が不安にならない方法を選びたいと思います。

学苑の先生は、みんなで同じ道を一緒に歩んでいます。だから私は自分の考えをあなたとも共有したいと思い、この手紙を書きました。

Q

教師

李先生は子どもの前で率直すぎる時があります。「なぜ友達がいないのか」と当の子どもに向かって話しかけるのは、同僚としてハラハラします。

A

あの日、私に付き添われた静静《ジンジン》は、みんなが自分を嫌う理由と、自分が友達を作れない理由をあなたに尋ねました。あなたはとても驚いた顔をして、しどろもどろになり、何も言い出せないようでした。きっと本人に面と向かって欠点を言うのはおかしなことだと思い、なぐさめの言葉を探していたのでしょう。でも、あの時あの子に必要だったのは、なぐさめではなく、正直さでした。そこで、この出来事から「心の中の鏡」についてお話ししたいと思います。

あなたは先学期にクラス担任をしていたから、静静の性格や交友関係はよく分かっていると思います。静静と匀匀《ユンユン》については、以前も職員会議で他の先生方に相談していましたね。

あの日は作文のクラスがあって、テーマは「モンスター大集合」でした。子どもたちが自分で描いたモンスターを発表し、それをつなぎ合わせて大きな一つのストーリーを作るというもので、みんな大いに盛り上がっていました。最後に静静が発表すると、隣にいた匀匀は冷たい口調で、「気持ち悪い」「怖すぎる」と批判しました。先生やクラスメイトが静静に味方したので、その場は収まりました。

　しかし、それを不服に感じた匀匀は、「こんな怖いモンスターを描く人は、怖い人に決まってる。みんな、静静と仲良くするのはやめよう」と言い放ちました。他の生徒が目を丸くして、「これは作文だよ？　空想の話だし、森森《センセン》のモンスターの方がよっぽど怖いじゃない。匀匀はただ静静を困らせたいだけでしょ」と言うと、匀匀は顔を上げて「じゃあ勝手に友達になれば？　でもこっちはごめんだね！」と吐き捨てました。

　その後、匀匀は他の人を押しのけて如如《ルールー》の所にやってきて、「隣に座るよ」と言いました。でも空になった席に静静が座ろうとするのを見ると、飛んできて椅子を奪い、「人の席に座るな」と言いました。静静も負けじと椅子をつかみ、「席を立ったんだから、誰が座ってもいいでしょ！」と言い、二人は両側から椅子を引っ張り合い、その場から動かなくなりました。

「二人ともうるさいよ。授業中だよ。騒ぐなら外に出てよ！」と雲雲《ユンユン》。

「匀匀、隣に座るんでしょう？　どうしてそっちに行くの？」と如如。

「静静、言うとおりにした方がいい。匀匀は今日変だよ」と陽陽《ヤンヤン》。

「二人はいつも仲良しなのに、今日はどうしたの？」と先生が言いました。

この言葉を聞いた静静は、椅子から手を放しました。諦《あきら》めたように「好きにすればいいよ」と言い、元の席に戻ると、はらはらと涙をこぼしました。匂匂は自分には関係ないという顔をして、「次は誰だ？　次は誰だ？」と大声を上げました。

この時ちょうどチャイムが鳴ったので、先生は「授業は終わりです。匂匂と静静だけ残ってください」と言いましたが、匂匂は「話さないよ！」と答えました。

でも先生が「そう！　授業をめちゃくちゃにした上に、静静の顔を涙と鼻水だらけにしておいて、帰っていいなんてことがあると思う？」と言うと、逃げられないと分かったのか、教室に残りました。

先生は「一体なにがあったの？」と二人に尋ね、匂匂に「今日は静静に嫌なことばかり言っているね」と言いました。

匂匂は「どこが？　本当にあのモンスターは怖すぎるし、こんな怖い人と友達になりたくないよ」と答えました。

「『一番怖いモンスター』のアイディアを出し合った時、君のモンスターも同じくらい怖かったよ！　どうして急に静静のモンスターが怖くなるの？　他に理由があるはずだよ」。先生にそう言われたとたん、匂匂は心を閉ざしてしまい、肩をすくめ、だんまりを決め込みました。

静静は「匂匂は昨日からこんな態度だった。理由は分からないんだ」と言いました。

「ほら！　静静も分からないって言ってるよ。こんなに悲しそうにしているんだから、理由を伝えるべきじゃない？」先生は二人の間に立って、子どもたちに自分で解決させようとしました。

匀匀はまた肩をすくめると、「一緒に遊びたくないだけだよ。理由は自分でも分からない。もう行っていいでしょ！」と言いました。先生が「もう行っていい？」と聞くと、静静はうなずきました。でも先生は首を横に振って、「友達にそんな態度を取られたら、混乱してしまうよ。もし同じことをされたら、きっと嫌な気持ちになるよ。仲良くしないと決めたとしても、悪口を言ってはいけないよ！　その上、他の子にまで仲良くしないように言うなんて、やりすぎだと思わない？」と言いました。でも匀匀はあかんべえをして、さっさと教室から出ていきました。

静静は顔を上げて言いました。「先生！　匀匀は何でも言うことを聞かせたがって、逆らうと冷たい態度を取るんです。でもたった一人の友達だから、嫌われたくないんです」「学校には大勢の人がいるのに、他に友達は見つからないの？」「うん、みんなに嫌われてるから、誰も友達になってくれないと思う」。先生に「試してみた？」と聞かれると、静静はうなずき、自分がみんなに嫌われる理由を尋ねました。

あの場にいた私は、静静の顔を見ながら、この子と他の生徒の関係を何とか思い出そうとしました。でも私には分からないことが多すぎて、まずはあなたに本当のことを聞くしかないと思ったのです。その後、静静は他の先生とも話して、「自分の頑固な性格や、突然冗談を言うところが他人には受け入れにくいのかもしれない」と気づきました。図書館の前にあるラタンベンチに座って、じっとこのことを考えていたようです。きっと静静はこの経験から自分と向き合う強さを見つけられるでしょう。

自主学習では、このように「自然の流れに任せる」方法で、子どもに今まで見えなかったものを見せようとします。それは、子どもに自分の本当の姿と向き合ってほしいと思うからです。**子どもだけでなく、どんな人でも自分をきちんと理解できれば、自分の本当の望みを見つけ出し、自分で目標を達成できる。**あるいはその目標を超えることだってできます。

そのために**教師が生徒にできる最大の手助けは、曇りのない鏡のような心を持ち続けること**です。どんな選択をするかは、生徒に任せればいいのです。

同時に、教師の方も常に子どもを鏡として自分の限界を見つめなければなりません。そうして子どもと一緒に新しい世界を覗《のぞ》き、これまでにない発見ができれば、これこそ教師と生徒が一緒に学ぶ教育です。

人は人と関わる時、いつもそこに自分の姿が映ることを期待しています。心理学によると、人は幼少期に鏡に映った自分の姿に「自己愛」を抱き、それを超えようとします。でもそれに失敗すると、自分の抱くイメージとのギャップに苦しみ、一生他人の承認を求め続けるそうです。また、**自分の弱さを認められない人は、世の中（目の前の相手も含め）に対して素直な反応を見せることができず、いつも不安気な表情で自分を覆い隠しているため、「頑固」や「無関心」と思われがちです。「相手を支配したがる」性格の人は、こうした問題を心に抱えている**可能性があります。

密教には、五智（五種の智慧《ちえ》）という考えがあり、中でも「大円鏡智《だいえんきょうち》（もののありのままの姿を映す大きくて円《まる》い鏡のような智慧）」が最も優れているとされます。なぜなら、**あらゆる物事の違いに心を乱されない（ありのままを受け入れる）人だけが、誰もが当たり前だと思って気にも留めない世界のわずかな変化にも気づける**からです。そうすれば自然に、かつ堂々と世の中に向き合えるようになり、恐れもなくなります。本当の自信と勇気は、こうして生まれるのではないかと思うのです。

自分の殻に閉じこもっている時より、みんなと一緒に生活している時の方が、お互いの欠点は目に入りやすいものです。だから私はよく自分に言い聞かせます。「**教師らしさ」のイメージにとらわれないこと。**今鏡に映るこの姿に、簡単には満足しないこと。

Q

教師

小さい頃から大人が積極的に子どもと話をすると、子どもの言語能力が向上することに気づきました。私たちは子どもの学習環境を整えようと言いますよね。でも、子どもの話をよく聞いて、子どもとよく話をすれば、他のどんな取り組みよりずっと確実な成果が得られると思います！

A

新学期前の準備の週になると、学苑の先生たちは学校全体のレイアウトを大きく変更します。キャビネットやロッカーを移動したり、机を動かして景色を変えたり、数日間の作業でみんな疲れ切ってしまいます。でも図書館の渡り廊下の前にあるラタンベンチに座って、すっかり様変わりしたキャンパスや教室を眺めながら、走り回る子どもたちの姿を想像すると、確かな喜びを感じずにはいられません。

「一つ気づいたことがあります」作業を終えた喜びにひたっていた私の耳に、突然あなたの声が聞こえました。「小さい頃から大人が積極的に子どもと話をすると、子どもの言語能力は向上します」。「というと？」私は尋ねました。「私たちは子どもの学習環境を整えようと言いますよね。でも、子どもの話をよく聞いて、子どもとよく話をすれば、他のどんな取り組みよりずっと確実な成果が得られると思います！」

「その『子どもとよく話をする』って、どんな意味なの？」私は聞きました。

「日常生活の中で、子どもの興味のあることについて一緒に話すんです。子どもにあれをしろ、これを勉強しろ、と命令するだけじゃなく」あなたは考えながら話を続けます。「となると、貧しい家の子どもは、生活の中で親や他の大人と話す機会が多いから、心理的に冷遇されているお金持ちの子どもより言葉の発達が早いかもしれません。どう思いますか？」

あなたの穏やかでまっすぐな瞳《ひとみ》を見つめながら、心の中で「たった半年でここまで！」と叫ばずにはいられませんでした。語文（言語・文学）の先生を始めてまだ半年なのに、ここまで深く観察し、これほどの気づきを得ていたとは、本当に嬉《うれ》しく思います。

私は「同感だわ」と答えました。「親御さんが積極的に子どもと本を読んだり、意見を交わしたりして、言葉が文字に発展すれば、もっといいわね。子どもに優れた『文化的環境』を与えるとは、まさしくそういうことだと思うわ」

あなたの発見は、大学で幼児期の言語発達について学んだ教師にとっては目新しいものではないかもしれません。近代言語学の研究者は、言語学習には適した時期があることをかなり前に発見しています。でも、自分で観察し、確かめたことでない限り、これほど簡潔な言葉で実現可能な方法を口にするのは、極めて難しいことです。

こうやって**自分で確かめ、気づいたことは、あなたの仕事の重要な成果であり、これからも子どもたちとうまく向き合っていくためのモチベーションにもなります。**

この時から、あなたは「本に書いてあることや、他人に言われたことに従う」のではなく、「子どもにとって良いと『知っている』ことをする」ようになりました。もう**単なる教育の道具ではなく、自分の考えをもつ主体的な教師になった**のです。あなたは子どもたちに「生き様」を見せることもできるし、あなたと同じように様々な物事に探求心を抱き、自分を見つけようとする子どものサポートだってできます。なんて素敵なことでしょう！

私の考えでは、「**達成感**」**とは生活や仕事の中で絶えず発見する喜びを指し、何人に勝ったとか、何点を取ったとか、いくら稼いだとかを指すものではありません。**

また、私たちはよく「子どもをサポートする」と言いますが、それは大人が環境を整えて、子どもにこの探求の機会を与えようとすることを意味します。探求と発見を繰り返しながら人生を過ごせる人こそ、自主学習を行う人だと言えます。私たちの学校の先生は、こういう人でないといけません！

私は、十代の子どもから「人は何のために生きるのですか？」という手紙を受け取るたびに、この子は自分について学び、発見する喜びを味わってこなかったんだなと感じます。**もし生活の中で常に新しい自分を発見できていれば、人生がつまらないなんて思うはずがありません。**でもこの子たちの日常はプレッシャーや敗北感に満ちていて、人生は喜びにあふれていると感じられる瞬間なんてないのでしょう。

「種子学苑はどうして教師の離職率がこんなに低いんですか？」とよく聞かれます。私が思うに、**仕事の中に常に気づきと学ぶ楽しさがあるということが主なモチベーションになる**のでしょう。そうでなければ、お給料も低く、通勤も大変な上、社会から好奇の目を向けられるこの職場で、長く仕事を続けていくのは簡単なことではありません。

先生方はこの学苑に一歩足を踏み入れると、権威主義から自由になります。この学苑にとって教員は、誰かの意志を実現するための道具ではなく、自主学習の環境を一緒に作るための仲間です。この考えは教師による学校運営という形で少しずつ実現しています。教育の道具となった教師に、自発的に学ぼうとする子どもは育てられません。たとえ教育者としての強い自覚がある先生でも、教育の道具にならないとは限らないのです。

こうした理由もあって、この学苑では教員を募集する時、教育大学出身という学歴や、教員経験があることを重視しません。まずは自主学習の先生にふさわしい性格や特徴の持ち主で、先生自身が一人の「学習者」であるか――つまり自分から心を開いて、自然環境や他人（大人か子どもかに関係なく）に学ぼうとする人かどうかを確認します。

次に、自分が学習者であるだけでなく、他人の学習にも協力しようとするかどうかを重視します。この二つを満たしていれば、自主学習の先生としての基本的な素質を備えていると考えます。

これらの特徴を持った人がいれば、そこで初めて学問的な専門分野や、教育に対する考え方などを検討していきます。

種子学苑にいる先生は、やがて「この学校で働いて得た最も大きな収穫は、自分自身だった」と気づくはずです。なぜなら**子どもと向き合う中で、自分の内面にある恐怖心や自分の限界が本当の意味で見えてくる**からです。かくいう私も、同じ経験をしました。

この三年間、子どもたちがどれほど学校の助けとなったか、話せばきりがないほどです。子どもたちのおかげで、「教育」とは科学の一種であり、芸術の一種でもあると、心から実感することができました。さらに面白いことに、自主学習を行う学校の教師になってから、私は仕事とプライベートを切り離すことができなくなりました。一日のうちの数時間を費やして「仕事に向き合う」のではなく、学校のことが常に頭から離れず、生活の中に仕事が溶け込んでいます。

私の発見の一つをあなたにお話ししたいと思います。**教育とどのように向き合うかは、実はその人が人生とどのように向き合うかを表しています。内面に恐れの心が満ちている人は、どれほど努力しても、他人を信じることができません。心に愛がある人だけが、他人を飛躍させることができるのです。**

「あなた方の主張する自主学習に、理論的根拠はあるのですか？」と聞かれることもあります。

そんな時、私は必ず正直にこう答えます。「既成の理論的根拠があるかどうかは分かりません。これは私が自分の子どもと過ごした経験から培った信念にすぎません。その後、同じ考えの人と一緒に今の学習環境を作ったのは、子どもが本来持つべき学ぶ権利を手にした自主学習によって、大人が子どもを支配する教育に比べ、より多くの主体的な市民を育てられるかどうか確かめたかったからです」

Q

教師

親御さんから転校をしたいと言われ、すっかり落ち込んでしまいました。

我々教師が頑張って子どもを導いても、やはり自主学習には不安を覚える親御さんが多いようです。

A

この三年間、私たちは大人が子どもを支配する他者主導型学習と自主学習との間で揺れていました。それでもあなたが「生徒はいずれ自主的に学ぶようになる」と信じることができたのは、目の前にいる子どもたちの姿から、常に生命力と輝きを感じ取っていたからです。しかし、こうした経験のない保護者は、子どもへの愛情とまだ見ぬ将来への恐怖心だけを抱えています。

ある保護者は、学苑に来て最初の一学期が終わってもいないうちに、あなたが子どもに何も教えていない「ように見える」と言って、子どもの勉強が遅れないように再び一般校へ転校させることにしました。「たった一学期ですよ」あなたは言いました。「たった一学期で、親御さんは転校を決めてしまいました」

あなたの言葉と表情に心苦しさを感じる一方、この親御さんのことも気の毒になりました。

もしこの親御さんが、晴々とした気持ちで、次のステップに進むために転校させたいと言うのなら、私たちは大いに応援します。でも**恐怖心を抱えたままの状態で転校するのは、自分自身や子ども、自らの理想に対する一種の否定であり、痛みを伴う**ものです。

あなたは言いました。「自主学習そのものを信用していないなら、どうして子どもをここに入れたんですか？」

台湾で理想の教育を追求する人の中で、**すぐに変われる人はあまりいない**ことを私たちは知っています。親が子どもをこの学校に入れる場合、動機は一つではありません。もちろん学苑の理念に賛同したからという人もいますし、単に流行に乗っただけの人もいます。「子どもに最もいいものを」と思う人や、子どもに心のケアが必要だからという人もいます。特に後ろの二つの場合、自主学習に強いこだわりはなく、多くは子どもが一般校で苦しむ姿を見て、「この子が楽しくなればそれでいい」と考えています。でも学苑に来て、期待通り子どもが楽しく過ごせるようになると、今度は一刻も早く自分が重要だと考える科目の「自主学習」を始めて、いい学校に合格してほしいと望み始めます。そして、この学苑が重視しているのは進学ではなく、子どもの自主性であると気づいたとたん、心配し、不安に感じるようになるのです。

「私たちには子どもの学力を向上させる能力がないと言うんですか？」あなたは納得いかない様子でした。

もちろんそんなことはありません。子どもたちもよく分かっています。この間もディスカッションの授業で、「**自主学習の学校は、もし自分が学びたいと思えば、とっても多くのことが学べます。でも学ぼうとしなければ、何一つ学べないかもしれません**」と言っていた子がいたじゃありませんか。これは生徒がこの学校の価値を認めてくれたことを表す最高の褒め言葉ですよ！　しかし、これこそ親御さんにとって最大の心配事でもあります。「**もしうちの子が、その『学ぼうとしない』子だったとしたら？**」

学苑の歴史はまだ浅く、多くの制度が発展途上にあります。ここに来て自由になると、当然の結果として子どもは変わっていきます。でも親はそれを見て、真っ先に恐ろしさを感じるのです。

特に一般校から転校してきた場合、子どもたちはそれまでの価値観を一つ一つ壊して、新しい価値観を作り直すという手順を踏んでいかなければなりません。

それには短くて半年、長くて二年必要で、子どもの個性や家族の対応、元いた学校の状況によって変わります。しかし、**最後までうまくいかなかったという子は、これまで一度も見たことがありません。**

普通子どもは、大人、友達、自分自身、勉強という順番で、自分との関係を見直します。これらは同時並行的に進むことが多いものの、子どもが本当の意味で世界や自分を信じられるようになるには、こうやって一つ一つ自分と周囲との関係性を新しく作り直すステップが不可欠です。一通りこの手順を踏むと、その子の行動全てが別人のように変わります。私たちは教師として、生徒自身の様子やその創作物から頻繁にこうした変化や輝きを目にしています。

過去の経験から言うと、**厳しい家庭ほど、自信のない子どもが多く、優柔不断な親の子ほど、不安定で、自我の成長が遅い子どもが多い傾向にあります。**反対に、この学苑のように開かれた環境にいると、先生や友人、自然、動物、魚、虫たちと共に学び、成長できます。だからこそ私たちは教育に家庭を巻きこむのです。

しかし、多くの親はあれこれ心配するあまり、数か月で我慢の限界を迎えます！いっこうに進まない勉強や、思いもよらない言動ばかりに目がいき、子どもの内面の変化や、自我が成長する予兆に気づかないのです。子どもを心から理解し、子どもや自分自身、そして学校を信じられる人でない限り、親としての責任を理由に転校を考えるのも無理はありません。

私たち教師は、自分たちがこうした親の気持ちを理解していることを、親御さんにもきちんと伝えなければいけません。まずは「親が心配になるのは自然な反応」ということを分かってもらう。そうすれば親御さんは、子どもが自分と周りとの関係を見直している間も、それを長い目で見てくれるようになるかもしれません。

これまでも多くの生徒が途中で転校していきましたね。でもこの学校を去る時は不安と怒りを抱いていた親御さんも、子どもが一般校に戻った後、あっさりと新しい環境に適応し、どんな科目にも苦労しなくなった姿を見ると、この学苑で学んだものを信じられるようになります。とはいえ、子どもがどんなに望んでも、「少数派になりたくない」という心理が働いて、その子を再び学苑に戻そうとはしません。

不安に満ちた台湾で、教育に信頼関係を求めるのは、そもそも難しいことなのです。私はこの教育実験校に参加してくれた全ての保護者の方々に、心の底から感謝しています。どんなものか試してみようと一歩踏み出してくれただけで充分です。一方で、この学苑が安定していくには、親たちが「自分の求める教育」をはっきり思い描けるようになるのを待つしかないことも分かっています。

大人のせいで学校がコロコロ替わることに、もちろん子どもには何の罪もありません。でも安心してください。途中で転校したことで、親は半年または一年分の勉強を無駄にしたと考えるかもしれませんが、**子どもたちは確かにここで大人への信頼と、世の中とうまく付き合う可能性をつかみ、「自分が責任をもって学ぶ」ことを理解したのですから。**

勉強面はどうかと言うと、子どもが本気になって取り組めば、小学校の内容は全く難しくないことを私は知っています。普通の知能をもった五、六年生の子であれば、一、二年以内に全てを身につけることができます。単に大人は信じようとしないだけです。ただし親御さんに知ってほしいのは、親が子どもに抱く疑いの気持ちは、言葉や行動を通じて子どもの自己認知に影響しているということ。それが長い間続くと、子どもは本当に親が言うように「ダメ」になってしまいます。

もう少し時間をかけて、たくさんの卒業生が巣立ち、先生たちも落ち着いてくれば、保護者の学苑に対する不安も解消されるのかもしれません。

親御さんの口から転校の話が出ると悲しくなりますが、落ち込んではいけません。これは台湾で教育実験校を運営する者の宿命ですから、十字架を背負って、前に進みましょう！

Letter 2

「真」に向き合う　種子学苑 学苑長（当時）朱佳仁《ジュージアレン》（24歳）

「真（嘘偽りがないこと）、善（道徳的な正しさ）、美（美しさ）」は、全ての人が一生かけて追い求める目標であり、教育が目指す理想でもあります。しかし、社会が進歩するにつれ、人々は効率を重視するようになり、正しさや美しさを求めるあまり、徐々に嘘偽りのない自分を見失いつつあるようです。

ある時、記者の方に「あなたは自分の学校に通う生徒が羨《うらや》ましいですか？」と聞かれたことがあります。私が何より羨ましく思うのは、学苑の生徒に嘘偽りがないこと。そして、この学校には生徒が自分の真実の姿に向き合うチャンスや時間が与えられていることです。

私は、小さい頃から優等生でした。成績が良く、勉強以外も得意でした。でも、**どうすれば学校で先生に褒められ、罰を受けず、同級生に好きになってもらえるかで頭がいっぱいになり、やがて自分の損得ばかり考えて行動するようになっていました。**

成長するにつれ、自分のこうした一面を自覚し始めます。しかし、この習慣はすでに深く根付いており、過去の自分にとっての正しさ、美しさを手放し、本当の自分に向き合うには、強い勇気と決断が必要でした。人間は知らないうちに偽物の正しさや美しさにのめりこんで、その安心感に満足してしまうからです。

子どもの主体性を重んじる「自主学習」は、今ある教育方法の中で、最も**「一人ひとりの偽りのない姿」**を**重視した教育**です。ただ、目に見える正しさや美しさがないため、**自主学習を行う学校は**、**社会のマイノリティになりがち**です。生徒は「自分の心が何を求めているか」を全ての原動力にしているのですが、大人はこれを不安に感じます。**成長の過程で「本当の自分」を失った大人は、子どもの本当の姿には気づかない一方で、子どもが周囲に適応するための正しさや美しさを持っていないことばかり心配する**のです。

「嘘偽りがない自分」がなければ、「正しさ」や「美しさ」は蜃気楼《しんきろう》のように不確かな存在です。**土台となる本当の自分がいて、初めて正しさや美しさが生まれる**のであり、全てが一足飛びに手に入るものではありません。

この学校を作ってくれた雅卿《ヤーチン》にお礼を言いたいです。あなたは、この学校にいる全ての人に、自分の「本質」と向き合うチャンスをくれました。

第4章

悪いと思ってないわけじゃないけれど

Q

生徒

何回も授業に出なかったことを謝ります。でも、理由はうまく言えません。

A

あなたはお母さんに言われて、何回も続けて授業に出なかったことを許してほしいと電話してきましたね。でもきっとあなたのお母さんは私の言葉の意味を誤解しているのだと思います。

この学校では、学びの主人公は生徒本人です。どんな生徒にも自分に合ったスピードと自分に一番向いている方法で学ぶ権利が与えられています。先生の役目は、単にみんなに手を貸したり、学ぶチャンスを与えたりするだけです。

先生が授業をするのは、みんなと共有したいことがあるからです。決まった時間に決まった場所（教室など）に集まって、同じことに興味を持ち、話をしたいと思った生徒と一緒に意見を出し合い、学びたいと思っているのです。

あなたはこの誘いを受けてもいいし、断ってもいい。もし授業の内容がよく分からなければ、まずは担当の先生に相談してみて、この授業に参加するかどうかを決めればいい。もしあなたが参加すると言ったら、それは先生の誘いを受けたことになり、先生、そして同じくその授業を選んだ生徒と一緒に、「共同学習グループ」に入ります。グループのメンバー（生徒と先生）は、学習目標を達成するため、全員が授業に協力しないといけません。さもないと自分、先生、他の生徒の時間を無駄にしてしまいます。

　だから学苑では学期が変わる度に、担当の先生が説明会を開き、授業の内容や進め方について詳しく説明します。また、最初の二週間はどんな授業も聴講や体験が許されています。二週間経った後、受けたい授業の内容や時間を調整して、ようやく自分の時間割が完成します。こうした仕組みは、生徒に自分の意志で選択してほしいという思いから作られています。

　自分でその授業を受けると決めたら、真面目に取り組まなければなりません。当初決まっていた内容や進め方に無理があると分かれば、先生や生徒が修正を求めることができます。重要なのは、授業に参加したことで学ぶものがあったかどうかで、子どもたちが大人しく座っていたかとか、授業計画のとおり進んだかではありません。

　先生や生徒が、元々の学習目標を達成するのが難しいと気づいた場合は、話し合いをしてこの学習グループを解散させたり、人を集めて新しいグループを作ったりすることもできます。つまり、ここでは先生と生徒が一緒になって授業運営を行うのです。

　だからこそ、あなたが何回も続けて授業に出ていないと気づいた時、先生はその理由を明らかにする必要があります。使っている教材が難しすぎる？　それともやさしすぎる？　先生が何を言っているか分からない？　クラスメイトに言いたいことが伝わらない？　それとも他に理由があるのでしょうか？

けれどあなたは先生に理由を言おうとせず、先生が追いかけてくるのを期待して、逃げてばかりいます。これはいけないことです。普段一緒に遊ぶ時間はたくさんあるのだから、先生が真面目に話をしようとする時は、あなたも何を考えているか話してくれないと、あなたが授業に来ない理由が分からないでしょう？

私は担任の先生とご両親に事情を聞いてみました。お母さんによると、あなたは「雅卿《ヤーチン》先生は自分をきちんと見てくれないし、態度がきついんだ」と言ったそうです。授業中にちょっとふざけてクラスメイトと騒いだだけなのに、すぐに「静かにしなさい」と注意されて、しかも「話し合いに参加したくないなら教室から出ていってもいいのよ」と言われ、あなたは腹を立てて授業に出なくなったということでした。

担任の先生の話では、あなたは「雅卿先生の語文（言語・文学）の授業はどんどんつまらなくなるから、出席しなくなったんだ」と言ったそうです。

あなたはこの学校に来て間もないから、「子どもの自主学習」の意味が分からなくて、誤解してしまったのだと思います。

私たちの言う自主学習とは、自分がしたいように好き勝手にしていいという意味ではありません。それでは何も学べませんよ。あなたが文字を書いたり、話をしたりする間、ずっと先生に気にかけていてほしいのは分かります。でも先生は他の生徒の先生でもあるので、その子たちが文字を書き、話をする相手もしなければいけません。

先生が他の生徒に関心を払うと、あなたは机を揺らしたり、変な声を出したり、友達と騒いだり、何とかして先生の注意を引こうとします。その後は言い争いや言い訳が始まって、どんどん時間が過ぎていきます。ちゃんとした授業をしてほしい生徒にとって、これは不公平なことです。

学苑の決まりでは、騒ぎを起こした生徒に対し、三回目の注意で教室から出ていくよう求めることができます。でも私はあなたにこのまま他の生徒と一緒に学んでほしいと思いました。だから「少し静かにして」とだけ言いました。ところが、あなたは静まるどころかもっと大きな音を立てて机を叩《たた》いたのです。だから私は教室から出ていってほしいと言うしかなかったんです！

あなたも知ってのとおり、この学苑では生徒に罰を与えません。なぜなら、子どもが良くない行動をとる時は、必ず隠れた原因や理由があると知っているからです。でも授業に参加するなら、生徒には授業をスムーズに進める責任があることを知ってください。

あなたがこれを受け入れられないなら、自由の身のまま、教室の外で自分の好きなことをしてもいいのです。私たちが何より伝えたいのは、あなたが学校に来るのは先生やご両親のためではなく、あなた自身のためであるということ！


語文の授業がどんどんつまらなくなると感じるのは、きっと本当だと思います。あなたはもともと読める字が多くないのに、新しい字を覚えようとも、進んで宿題をやろうともしないのですから。時々先生の話や単語の一部が聞き取れなくても、それをクラスメイトに知られたくなくて、あいまいなままにしてしまいます。こうしてだんだん他の生徒との差が広がって、授業はどんどん面白くないものに思えてきます。

言語や文学は算数と同じく、人類が文化や社会を作る中で生まれたものですから、知識を積み重ね、学びを繰り返して、ようやくその魅力が分かってきます。

実際は、**どんな知識・技術の学習も同じです。一時的な興味や関心から学び始めるのは簡単ですが、すぐに大きな壁が現れます。でも頑張ってその壁を乗り越えようとすれば、努力が実を結び、次のステージへと進むことができます。**前に進もうとせず、元の場所を行ったり来たりしているだけでは、つまらないと感じるものです。

ただ、同じ時間に同じ方法で学ぶのが向いていない子もいます。だから、もしあなたが今の授業方法が自分に合わないと感じたら、このグループをやめて他のグループに参加したっていいのです。来年か再来年にまたこの授業を取ることもできます。もちろん自分の好きな方法で学んだっていい。私にとっては、あなたが何も言わずにいなくなることや、授業に出るのは親や先生のためだと思いこんでしまうことが一番怖いのです！

種子学苑の生徒は、学校に来たその日から、こうした選択と学習を始めます。

あなたも、学ぶ楽しさや責任の喜びを感じられますように。

Q

生徒

叩きたくて相手を叩いたのではありません。相手がケンカをふっかけてきたから、我慢ができなかっただけです。

A

昨日、学苑の法廷はちょっとドラマチックな展開を迎えました。事件を起こした張本人のあなたでさえ、少し面食らったようです。あなたはてっきり今回も「福哥兒《フーゴーアル》は一日家で反省しなさい」と言い渡されると思っていたのに、意外にも警告一回という軽い判決で済みました。しかも訴えた側である小星兒《シアオシンアル》にも「人をからかってはいけない」という警告が出され、それどころか裁判の当事者ではない小柿子《シアオシーズー》まで先生に注意されたのです。あの時、あなたはまだ裁判官の言葉の意味が理解できていないようだったので、この手紙を書くことにしました。今回の裁判が教えてくれたのは、生きるために重要な「対応能力」であり、誰が正しくて、誰が正しくないということではありません。

人が集まって一緒に生活するには、常に共通のルールが必要です。ルールは大きな集団が小さな集団をいじめたり、強い者が弱い者をいじめたりするのを防いでくれま

す。学苑には学苑のルールを維持するための裁判所がありますが、それは国には国の裁判所、国際社会には国際裁判所があるのと同じです。どんな裁判所もルールを守る場所であり、人間が最後に正義を手に入れる場所でもあります。

でもルールはあくまで原則で、何かが起こった時、その当事者の態度や考え方によって「公平性」や「正義」の表れ方は変わってくることを知ってください。

今回のケースもそうです。あなたは小星児を叩いたため訴えられました。止めに入った人がいたとはいえ、学苑にはルールがあります。「人を叩いた場合、どうしたら叩かずにいられるか、家に帰って一日以上考えなければいけない。しっかり考えて、クラスメイトと仲良くできると思ったら、学校に戻ってくること」

だから今まであなたが人を叩いた時は、いつも家に帰らされていました。そうですね？　裁判官は、あなたがもし感情をコントロールできないままなら、家にいる期間を一日から二日、三日と増やし続け、最後は退学させるとも言いました。でも嬉《うれ》しいことに、あなたはこのルールがいったい何のためにあるのか、その本当の意味に気づき、自分を抑えて人を叩かないよう努力しました。カッとなっても「少し一人になりたい」と言い、歩道を散歩したり、気晴らしに中庭を囲む外廊下で砂袋を叩いたりして、怒りを鎮めてからみんなの所へ帰ってくるようになりました。

少しずつみんなもあなたを怖がらなくなり、友達もでき始め、私も本当に喜んでいました。

ところが、これで終わりとはいきません。あなたはこの学校を気に入り、ここで勉強したいと思ったのに、このことを知ったクラスメイトが、面白がってあなたを怒らせようとしたのです。これにより事情は少し複雑になりました。先生は「裁判所を使って自分を守ってもいいんだよ」と伝え、あなたも徐々にそれを学んでいきました。

ところがあの日、生活会議で自分の提案が否決されると、落胆したあなたはドアをバタン！と閉めて出ていきました。議長は採決の結果を発表した後、「福哥兒は少し一人になった方がいいから、みんな近づかないように」と付け加えました。でも小柿子が「『小星兒に福哥兒をからかう度胸はない』に賭《か》ける！」と言い出して、むきになった小星兒はあなたを追いかけてあざ笑ってみせました。案の定、あなたは怒りを爆発させ、小星兒に向かっていったのです。

先生が間に入ったので、その場は収まりました。でもあなたが小星兒に殴りかかるのを全校生徒が見ていたので、小柿子は小星兒に裁判を起こすよう仕向けたのでした。

裁判官たちは、この事件の話し合いに、とても多くの時間を費やしました。小星兒があなたをからかったのは悪いことだと全員が思いましたが、かといってあなたが小星兒を叩いたのは明らかなルール違反です。ある裁判官は、人をからかった小星兒には一回分の警告を出し、あなたには一日家に帰るよう言い渡すべきだと考えました。

でもこれを不公平だと感じる裁判官もいました。当時あなたは怒り心頭だったので、そんな状態で挑発されたら「どんな人でも感情を抑えきれない」と考えたからです。「でも福哥兒だって、人にからかわれたら、相手を訴えることはできても、叩いちゃいけないと分かっているはず」と、家に帰す判決が妥当だと考える裁判官が言いました。

「一般の生徒の話なら、その意見に賛成だけど……」と、その考えに反対する裁判官は言いました。「福哥兒は、元々自分の感情を抑えるのが苦手な生徒だよ。他の生徒は自分を守るために、こういう子が怒った時は距離を置かないといけない。でも小星兒は離れるどころか、わざと近づいてからかったんだ。これは自分で叩かれに行ったようなものじゃない？　こういう対応能力がないと、社会に出て極悪人に遭遇したら、黙って殺されることになってしまう」

「待って！　特定の生徒を『感情のコントロール勉強中』と認定したら、その生徒が自分をからかった人を叩いても、厳しい判決は出さずに、代わりに周りのみんなが対処法を考えるべきだって言うの？」裁判官の一人が半分冗談で、半分真面目に言いました。

「それはダメだよ。もしみんなが一斉に『自分もその認定を受けたい』と言い始めたら、学校中が大混乱になる」

「でも国の法律にも幼児、未成年者、知的障がい者、少年犯罪者などの分類があるでしょう？　私たちだって、特別な学習が必要な生徒に例外を認めて、他の生徒にそれに応じた行動を身につけてもらってもいいはずだよ」と、この意見を真剣に考え始める裁判官もいました。

「自分が例外だと言われたら、すごく嫌な気持ちになると思う！」

「これも一つの勉強だよ！　誰だって自分が他人にどう見られているかを知った上で、そのイメージを変えたいかどうか考えるべきでしょう。逆にいいことなんじゃないかな」

「でも自分のイメージを『知る』ことと、明らかなレッテルを貼られることは別だよ」と不安になる裁判官もいました。

「学びたいことが人によって違うように、例外扱いされることの影響もそれぞれ違うと思う。恥ずかしいと思う生徒がいる一方で、ほっとする生徒もいるかもしれない。福哥兒と担任の先生に意見を聞いてみたらどう？　でも小柿子は悪いね。福哥兒をからかうように小星兒をけしかけるなんて。すぐ誘いに乗る小星兒もダメだよ。最後に痛い目に遭うのは自分なのに。三人全員をちゃんと指導する必要があると思う」と、一人の裁判官が話し合いの範囲をさらに広げました。

「でも小柿子を訴えた人はいないよ！」

「だからこそ小柿子は悪いって言うんだ！　裁判所は訴えがない限り審判を行わないという原則を利用して、自分にはする勇気がないことを他人にさせておいて、自分は部外者だという顔をするなんて、本当にひどいよ」

「一度三人で話し合う場を設けて、事件の詳細や利害関係を全部明らかにしよう。あと小柿子には、小星児と一緒に人をからかったという判決を下すべきだと思う」


あれこれと長い間みんなで意見を出し合って、ようやく最終的な判決が下され、さらに学苑の「感情のコントロール勉強中」認定制度も作られました。これにより、先生と裁判官の共同チームが特定の生徒を「感情のコントロール勉強中」と認定した場合、その生徒に関する裁判は、次の方法で処理すると決められました。

一、「感情のコントロール勉強中」の生徒がすでに怒っている場合、もしからかわれて、その人を叩いてしまったとしても、家に帰す判決は下さず、一回分の警告を出すにとどめる。この警告が三回分に達したら、その時は家に帰って反省するよう求める。
二、人をからかうようにそそのかすことと、そそのかされて人をからかうことは、同じこと。
三、通常は、誰であっても叩く以外の方法で物事に対応しなければいけない。そのため、「感情のコントロール勉強中」の生徒が怒った状態にない場合は、からかわれても、その人を叩いてはいけない。叩くのではなく、相手に警告したり、話し合いの場を求めたり、裁判所に訴えたりして、一歩引いて考える余裕を作ること。

でもね、私たちはあなたが今後わざと人を叩くなんて心配はしていませんよ。あなたも学苑の他の生徒と同じように、もう理由もなく人を叩いたりしないと知っているからです。

学苑が多様な個性をもつ生徒を入学させるのは、みんなに一緒にやっていくことを学んでほしいからです。きっと全ての生徒がここで自信を取り戻し、改めて自分自身や世の中に向き合えるようになるでしょう。

あなたが早く他の人と仲良くなれますように！

Q

生徒

ホームルームに出なかったら、どうなるんですか？　掃除をしなかったら、どうなるんですか？

A

あなたとゆっくりお話しするのはとても難しいと分かったので、手紙を書くことに決めました。これなら二言三言話すたびに意味のない言い争いや説明をしないで済みます。これを読んで、もし本当に分からないところがあれば、私や担任の先生、自分の好きな先生に質問してください。きっとみんな助けてくれるはずですよ。

ここで体験入学を始めた時から、あなたはいつも「〇〇しなかったらどうなるの？」と聞いてばかりいました。先生たちはその度に、なぜホームルームがあるのか、なぜ掃除をするのか、なぜ列に並ぶのかを教えました。そして体験入学が終わり、あなたはこの学校に「罰則」がないことを理解すると、様々な行動でみんなに迷惑をかけるようになりました。

毎日のホームルーム、授業、掃除、スクールバスを待つ間。先生はいつもあなたを捜して学校中を走り回り、ようやく見つけたと思っても、あなたは責任や役割から逃れるための言い訳をするばかり。とても嫌な気持ちになったものです。

あなたも知っているとおり、ここは子どもが自己管理を学ぶ学校です。子どもたちには、大人から罰を受けるのが怖くて「ルールを破らない」のではなく、なぜいけないのかを理解した上で、「人を嫌な気持ちにさせたくない」という思いから、自分を律するようになってほしいと思っています。数年間の経験で、子どもには確かにその意志と能力があると、学苑の生徒たちが証明してくれました。中には苦労する子もいますが、それでも少しずつ努力してくれます。でも二週間あなたと一緒にいて気づきました。**頭のいいあなたは「学校の決まりやなぜその決まりがあるのか？という本当の目的が理解できない」のではなく、単に「どんな決まりも守りたくない」だけなのだと。**

きっとあなたはまた「どこが？」と聞いてくるでしょう。でも私はあなたと言い争いがしたいのではありません。あなたの様子を観察し、感じたことを伝えたいだけなのです。

算数の先生によると、あなたは三回連続で授業に現れず、校内を捜しても見つからなかったそうです。でも授業に出る気がないなら、仮にあなたを見つけたとしても、「だから何？」と言われるだけでしょう。

私はいちいちうるさく言うのは好きではありません。だからあなたが今の状態を続けたらどうなるか、きちんと伝えておこうと決めました。しっかり読んでください。

・今後は、チャイムが鳴って先生に促された後もホームルームに参加しなかった場合、あなたのために連絡事項を説明し直すことはありません。情報を聞き逃しても、他人のせいにしないでください。例えば通知表を受け取れなかったり、好きな席に座れなかったり、知らない間に授業が変更になったり、素晴らしい舞台を見逃したり、川辺で遊べなかったりするかもしれません。このことはもちろんご両親にも伝えます。ご両親があなたをこの学校に入れたのだから、先生にはお知らせする責任があります。

・下校時間になる前に無理やりスクールバスの列に並んだら、学苑の規定に従ってあなたを訴えます。スクールバスのルール違反者として、全員が乗車するまでバスに乗れないか、一日バスの乗車を拒否されるでしょう。最も厳しい場合、バスの利用が禁止されます。あなたは自分で学校に行く方法を考えないといけません！

・三回連続で授業に来なかった場合、先生はご両親に報告します。でも何を学ぶかはあなたが決めることなので、罰を与えることはありません。ただ、先生によっては今学期の名簿からあなたの名前を削除するかもしれません。もし参加したければ、来学期にしてください。算数のように連続性のある授業の場合、あなたが何とかして追いつこうとしない限り、来年になっても今のクラスのままです。

・このまま掃除当番をサボり続けた場合、裁判所から特別な勤労奉仕が言い渡されるでしょう。なお、その後も掃除が免除されるわけではありません。
・裁判所の判決に従わなければ、法廷を軽視したとして校務委員会（学校運営委員会）に送られ、最も厳しい場合、この学苑から出て行ってもらいます。つまり退学です。
この学校は設立から今日まで、こうした理由で学校を去った生徒は一人もいません。あなたがこの記録を破らないことを願います。

この学苑は教育実験校です。**先生たちは怒鳴ったり叩いたりしませんが、「本気で自主学習や自己管理に取り組みたい」と思う生徒だけを歓迎しています。**もしあなたが自分で自分を管理することを学びたくないなら、きっと来る学校を間違えたのでしょう。

この学苑の創設に参加した子どもたちは、自分たちの学校をどれほどかけがえのない存在だと思っていたことか。彼らは一つ一つ丁寧に話し合って、学校のルールやシステムを作りました。今ある学校の「決まり」は、全て子どもたちで何年もかけて話し合い、修正してようやく完成したものです。

例えばあなたを怒らせた「学校には電動のおもちゃやゲームソフトを持ってきては

いけない」という決まりは、一か月以上かけて全校で大規模な議論を交わして作られました。今年も一部の生徒がこの決まりをなくそうと生活会議に署名を提出しましたが、やっぱりうまくいきませんでした。なぜなら学苑の大多数の生徒は「電動のおもちゃやゲームソフトはあまりに楽しくて自分や他の子が学ぶ時間を奪ってしまう。家と学校は切り離した方がいい」と考えているからです。あの日、反対票を投じた生徒の多くは、元々ゲームが好きな子たちです。遊んだゲームの数も、レベルだってあなたに負けていません。ただ自分の性格を理解していて、自分が苦しむ状況を作りたくないだけなのです。

あなたが大嫌いな裁判所だって、先生と生徒が一緒に話し合って考えたものです。裁判所が支持されるのは、正義を守るための最終手段がないと、学校が弱肉強食の世界になってしまうからです。法廷にいる裁判官全員が、生活会議で全校の半数以上の生徒から信任票を得て、この職務を担うのに充分な公平性と能力を持っていると判断された人たちです。だから「裁判官はみんなでたらめだ」というあなたの不用意な言葉くらいでは動揺しないのです。

作り話をするのは簡単ですが、言葉は事実を変えられません。先に訴えた方が勝つとも限りませんし、口がうまい方が正しいとも限りません。**人は、何を言ってきたか**

ではなく、何をしてきたかによって他人の信頼と尊敬を得るのです。

この二週間、あなたの話をたくさん聞いて、あなたのすることをたくさん見てきました。そして私の思いと考えを伝えるため、この手紙を書いています。この学校がどういう学校かも伝えたいと思っています。

この学校の大人たちは、あなたが学ぶ手助けをする人たちです。間違った学校にいることでみんなの時間を無駄にしないためにも、もしあなたがこの学苑で楽しい学校生活を送り、本当の友達を見つけたいと思うならば、この環境と文化を理解しなければなりません。

あなたはどう思いますか？

この件に関し、もう誰もあなたと言い争いをする必要がなくなり、その代わりに何か面白いことができるよう願っています。あなたは「いいよ」と言ってくれるでしょうか？

分かってもらえると、いいのですが。

Letter 3

子どもの眼差《まなざ》し　種子学苑　教師　鄭婉如《ジョンワンルー》（当時24歳）

春の終わりのこと。霧雨が降る中、子どもたちは広場やバスケットコートで元気に遊んでいます。

少し経って雨が強まりました。すると突然、何人かの女子生徒が教室に駆け込んできました。私の「どうしたの？」という声にも足を止めず、傘を持って大急ぎで校門に向かいながら、「階段に行って滝を見るの！」と言って去っていきました。瞬く間に生徒の姿は雨の中に消え、やがて遠くから歓声が聞こえてきました。

これこそ自主学習です！　子どもたちは、本当に自分が好きなことを見つけています。

種子学苑では、山や水辺、季節によって色を変える楓《かえで》の木を楽しむことができます。でも何より楽しいのは、子どもの真剣な眼差しが見られること。その澄んだ瞳《ひとみ》を見ていると、先生として怠けてはいられないと感じます。少なくとも、私も精一杯の誠意で応《こた》えないといけません。

そう、そういうものです！

Letter 4

自分を見つける　潘明松《パンミンソン》（当時10歳）

種子学苑は、学期ごとにどんな場所にも変えられる学校です。例えば、バスケットボール学校に変えて、三分の一の時間を全部バスケに使った学期もあります。一、二年生の頃、学校は僕にとって遊園地でした。でも次の学期からは、真面目に勉強する場所に変えようと思います。バスケはやめないけれど。

僕はこの学苑で自分の行動に責任を持つということを学びました。一、二年生の時は遊んでばかりいましたが、だんだんこのままじゃいけないと感じ始めました。上級生は熱心に勉強しているのに、自分はふりがな付きの本しか読めなくて、しかも一時間に数行読むのがやっとです。だからいつもお母さんに読みあげてもらいます。でもずっと誰かに頼るわけにはいかないし、お母さんにも嫌味を言われるでしょう！　今は勉強の大切さを分かっています。**勉強は大人のためじゃなく、自分のためにするもの。勉強のペースは人それぞれで、他人は関係ない。だから、自分がすることには、自分で責任を取らなければいけません。**

Letter
5

種子学苑では　呉《ウー》方迪《ファンディー》（当時8歳）

種子学苑では、自由な気持ちになります。毎日授業に出る必要はありません。前は時間割どおりに、毎日授業に出なくてはいけませんでした。

ここに来て、怖くなくなりました。

勉強も、毎日少しずつ進んでいます。

Letter
6

正義を求める　楊《ヤン》司《スー》弘《ホン》（当時8歳）

この学校では、裁判を起こすことができます。これはいいことだと思います。裁判をすると、何が間違いなのかを知ることができるからです。

例えば、これまでの裁判では、人のボールを無理やり取ったり、人を叩いたり、蹴《け》ったりするのは間違いだと言われました。

Letter 7

自分らしく　蠻蠻《マンマン》の母（当時40歳）

蠻蠻ももうすぐ六年生。種子学苑に来て四年目になります。時間が経つのは早いものので、ポニーテールの小さな女の子だった蠻蠻も、私と変わらない背の高さになりました。

この学苑に通い出した最初の週、蠻蠻は家に帰ってくるなり、「私が大人になっても、この学校はまだあるかな？　私の子どもも通わせたいんだ」と言いました。

それから何年経っても、蠻蠻が学校を好きな気持ちは変わりません。でも蠻蠻自身は、とても大きく変わりました。この間も「ママ、知ってる？　一般校には二種類の生徒しかいない。大人の言う事を聞くいい子と、言う事を聞かない悪い子。一年生の時の私はいい子で、二年生の時は悪い子だった。でもこれは外から見た姿で、本当の個性じゃない。今の私が、本当の自分なの」と言っていました。

蠻蠻の明るい笑顔とキラキラ光る瞳を見ていると、蠻蠻は素敵な子だなと思います
し、これまで一緒に歩いてきた道も思い出されて、色々な感情があふれてきます。雅
卿や学苑の先生方への感謝の気持ちは、言葉では表しきれません。
でも大丈夫。全て伝わっていますよね。

第5章

うちの子はどうしてダメなの？

Q

親

友達ができたと思ったのに、子どもがまた学校でケンカをしてしまいました。**うちの子どもは、友達に好かれていないのでしょうか？**

A

博博《ボーボー》が入学して一学期が過ぎました。この学苑に入ったことで博博は劇的に変化し、緊張から解放され、何でも恐れず挑戦するようになりました。私たちもはじめは喜んでいたのですが、すぐに博博の友情が長続きしないことに気づきました。新しい友達ができても、何日か経つと仲たがいするのです。その後、お母さんは博博にたくさんのおもちゃを持たせて、一緒に遊んでくれる子を作ろうとしました。この方法は確かに効果を発揮しましたが、それも最初だけでした。

それどころか、このおもちゃはケンカの種になりました。何日か前も、健健《ジエンジエン》と木木《ムームー》がおもちゃを隠して、それを博博のせいにしようとしました。

「だって博博から貸してあげるって言ってきたのに、後になってやっぱり貸さないだなんて」と健健。

「二人はいつもいじめてくるから、もう貸さないことにしたんだ」と博博は言い返します。

「どういうこと？」先生が尋ねました。

「いつも馬鹿にされたり、叩かれたり、嫌な思いをさせられるんです」と博博。

「だって嫌なやつだから！　一緒に遊びたくないのに、いつも入ってくる。あっちへ行けって言っても聞かないから、こっちから追い出したんだ」と健健。

「でも一緒に遊びたいのに！」と博博。

「こっちは遊びたくないの！」と木木。

先生との話が終わり、おもちゃが自分の所に戻ってくると、博博はココアの粉末にお湯を注ぎ、机の上に突っ伏しながら、スプーンを使ってちびちびと飲み始めました。その姿は、とても孤独に見えました。私は「この子も人に好かれない子なんだ」と心の中で思いました。

お母さんは「どうしてうちの子には友達ができないんですか？　どうしてみんなにいじめられるんですか？」と心配していましたね。

子どもたちの様子を観察したところ、他の生徒は「博博と話しても何を言っているか分からない」と口をそろえます。どうやら意思疎通ができていないようです。博博は想像力が豊かなのであり、頭が悪いわけでは全くありません。でも自分の考えをうまく表現できないのです。

博博は話すスピードが速く、動きもせわしなく見えます。体の機能が影響しているかもしれないので、かみ合わせや他の問題がないか、一度検査してみてはどうでしょう？　きっと心の迷いが晴れ、自分を受け入れやすくなり、改善への道を一歩踏み出すきっかけになります。

また、体に問題があろうとなかろうと、家で「はっきりと話す」のを助けてあげることはできます。博博が好きな物語の本を何冊か買ってきて、その中の会話文を大きな声で読ませます。お母さんは頑張れ、よくできたね、と言葉にしてあげましょう。日常生活の中でもなるべく博博の意見に耳を傾け、あとはクラスの「個人発表会」の時間を使って、みんなの前で自分を表現するよう勧めてあげましょう。成功体験を重ねることで、言葉のコミュニケーションを苦痛だと感じなくなります。

次は心の問題です。

博博は前の学校でよくいじめられていたのでしょう。心に不満を抱え、自分に自信がありません。**いつも自分は嫌われ者で、誰も自分を信じないし、助けてもくれないと思っています。こうした感情は、常に人間関係や学業成績の足を引っ張ります。**

昨日の木木との言い争いは非常に典型的な例です。

博博は小遊《シアオヨウ》と池に木の橋をかけて遊んでいました。それを見た木木は自分も仲間に入れてほしいと思って、「一緒にやらせてよ」と言って橋の上に飛び乗りました。でも博博にはその声が聞こえなかったので、またいじわるな木木が場所を横取りしにきたんだと思い、その場に隠れて木木のひどいあだ名を考え、何度もその名前を叫びました。腹を立てた木木は博博を突き飛ばそうとしましたが、反対に枝で叩かれてしまいました。木木はかんかんになって、地面にあったハンマーをつかんで追いかけようとしたところ、ちょうど先生に出くわしたのです。先生は二人が青筋を立て、顔を真っ赤にして怒るのを見て、まずは一人ずつ落ち着かせてから、ゆっくりといきさつを聞くしかありませんでした。

話をする中で分かったのは、木木が橋の上に飛び乗った時、博博がまずその意味を確認していれば。博博に大声であだ名を呼ばれた時、木木がまず注意を促していれば。木木に突き飛ばされそうになった時、博博が仕返しをせずに学苑の規定どおり裁判を起こしていれば。いずれもこのケンカは起こらなかったということです。

「でも木木がまたいじめにきたと思ったんだ」と博博。「誰がいじめるもんか！ いつもけしかけてくるくせに」と木木。「でも先に手を出したのはそっちだよ」と博博は悔しそうです。「裁判所に訴えればいいのに、どうして枝でぶったりしたの？ ほら！ 手にケガをしたよ。痛い！」「起訴状を書くなんて面倒だよ！ 書けっこない」と博博。「先生や他の人に頼んで書いてもらえばいいんだよ！」意外にも木木が方法を教えてくれました。でも博博は「誰も助けてなんてくれないよ」と言います。

「そうかな？」先生は博博を見つめます。「先生は頼まれてないよ！　私が留守でも、事務室の人や図書館のボランティアのおばさんがいるでしょう。他の先生だってみんな助けてくれるよ」と言いました。博博は「本当？」とまだあまり安心できない様子です。

「他人にいじめられる前に、こっちから威嚇してやる」と思っていると、このように**他人の言動を誤解しがちです**。思わぬ反応に相手はびっくりして、当然仲良くしたいとは思えなくなります。

また、**他人を自分の思い通りに動かそうとするところも、相手にストレスを与えます**。

例えば麒麟《チーチー》と掃除の分担場所を取り合った時、博博は負けるのが怖くて、じゃんけんで決めるのを断固拒否しました。かといって別の方法を思いつくこともできません。先生は三十分も話を聞いてようやく理解したのですが、あの日博博はすでに一部の掃除を済ませていて、そこを麒麟に取られたら自分は損をすると思ったのです。次の日からは、じゃんけんに反対することもなくなりました。

「絶対に損したくない」という考えも、博博に友達ができにくい原因の一つです。

例えば、ある時、隣の席の淇淇《チーチー》の本が博博の机の上に置いてありました。すると博博はすぐに先生にそのことを言いに来ました。でもその時先生は雲雲《ユンユン》のことで忙しかったので、何気なく「淇淇の机の上に戻してあげたら？」と言いました。その瞬間、博博は「どうしてそんなことしてあげなきゃいけないの？　淇淇に自分で戻すように先生が言ってよ！」と怒りを露《あら》わにし、ジタバタと暴れて抗議しました。その手が当たって、雲雲が「やめてよ！」と言っても、頭に血がのぼった博博は聞く耳を持ちません。先生は新たな衝突を避けるため、雲雲のことは後回しにせざるを得なくなりました。こんなことが起こる度に、クラスメイトは博博のことを心が狭くて話が通じない子だと感じ、自然と距離を置くようになりました。

この数年間、この学校で同じような子どもを見てきました。**人に好かれない子の多くは、自分の利益しか目に入らず、人の話を聞かない子。誰に対しても何に対しても打算的な子。すぐに人のものを取る子。他人の悲しみや痛みに鈍感な子。あるいは自分をアピールすることしか頭にない子**でした。

こういう子にとって、友達を作るのは簡単ではありません。

友達とは、お互いを信頼し、認め合い、共有し、助け合うものです。こうした関係を築くのが得意ではなく、友達が一人しかいないという子もいれば、誰とでもこの関係を築けるので、友達がたくさんいるという子もいます。これが人に好かれる子とそうでない子の違いです。

学苑では、社会性をはぐくみ、人と人が関わる中でよく見られる感情や考えについて学ぶため、人形劇を取り入れることがあります。お母さんも家でやってみてください。きっと博博の役に立つはずですよ。

Q

親

一人息子のことを私はとても大切にしています。なのに、**息子は「何もしていないのに、学校でいじめられている」と言います。**

A

息子さんの龍龍《ロンロン》はこの学校に来て数日のうちに、裁判所の常連になっただけでなく、たくさんの敵を作りました。一方、龍龍自身は「どうしてみんないじわるばかりするんだろう?」と、とても戸惑っています。

小さな一年生の龍龍。外から見ると、整った顔立ちにきれいな服装、笑顔は愛らしく、頭もよくて体も健康――まさに誰からも愛される子です。ところが、クラスメイトの輪に入ったとたん、龍龍の評価は一気に変化します。他の子の言葉を借りれば、「とても好きになれない」子になるのです。

なぜこんな評価になるのか、いくつか例を挙げれば理解できるかもしれません。

1、教室で十歳の孟孟《モンモン》が中国ゴマ(空中で回転させるコマ)を回して遊んでいました。すると龍龍がやってきて、回転中のコマに手を伸ばしました。孟孟は体をよじって避《よ》けようとしますが、龍龍は負けじとコマを追いかけます。嫌がる孟孟が「触らないで！」と言っても、聞く耳を持ちません。

孟孟は学苑の規定に従い、手を止めるよう忠告しましたが、それでも龍龍は全くやめようとしません。とうとう孟孟は大きな声をあげて龍龍を突き飛ばしました。体の小さな龍龍は床に倒されてしまい、大声で泣き始めました。

その後、龍龍は「いじめられた」と言って先生のところにやって来ました。あなたは孟孟があなたのお子さんをいじめたと思いますか？
2、安安《アンアン》が模型のおもちゃを持って、龍龍に「一緒に遊ぼう」と言いました。すると龍龍はそのおもちゃをちらっと見て、「ださい！ うちにはもっとすごいのがあるよ」と言いました。龍龍はその時すでに安安が嫌な気持ちになっていることに気づかなかったのでしょう。そばにいた生徒に「すごいね！」と言われると、「そうだよ！うちには〇〇があって……」と話し始めました。でも話が終わらないうちに、誰も龍龍を相手にしなくなっていました。
3、高学年と低学年が一緒にドッジボールをしていました。龍龍はコートの中を行ったり来たりしながら、「かかってこい！ 怖いもんか！」と叫びました。
これを聞いてみんなが龍龍にボールを投げました。龍龍は校舎の方に逃げながら、振り向いて「ガキ！ かかってこい！ ガキ！ 怖いもんか！」と言いました。何人かの子は「ガキ」という言葉に腹を立て、追いかけていきました。それでも「当ててみろよ！　怖いもんか！」と言って逃げ回るので、それを見た六年生の君君《ジュンジュン》は、この「ガキ」を少しこらしめようと思い、手にいくぶん力を込めて龍龍にボールを当てました。龍龍はあまりの痛みに、君君を訴えようと事務室に向かいながら、まるで自分が「ヒーロー」であるかのように「かかってこい！　怖いもんか！」と言い続けました。

4、各学期の最初の授業では、まず教科書を配ります。でも改訂前の本が交じっていることがあるため、生徒がそれぞれ中身を確認して、古い本があれば交換します。その日も、みんな教科書を開き、他の子と挿絵などを確認し合っていたのですが、龍龍だけは先生のそばを離れず、先生に自分の新しい雨傘を見せていました。先生に「龍龍がきれいな傘を持っているのは分かった。でも今は教科書を見る時間だから席に戻ってちょうだい。授業が終わったらまた見ようね」と言われても、今見てほしいと言って聞きません。こうやって授業中いつも授業の内容とは無関係な話題を持ち出し、先生の注意を引こうとするので、他の生徒は龍龍を教室から追い出してほしいと先生に頼みました。龍龍は「何もしていないのに、どうしてみんないじめてくるの？」と不満そうです。

5、ある日、机に牛乳をこぼしてしまった龍龍は、先生に向かって「先生！　机を拭《ふ》いて」と言いました。先生は「ドアの近くにふきんがあるから、自分で拭くといいよ」と答えました。でも龍龍は「先生に拭いてほしい」と譲りません。先生は仕方なく「自分でできることは自分でしなさい。拭き方を知らないなら教えてあげる。きっとできるはずだよ」と伝えました。でも次の日になると、先生に泥のついた靴を洗わせようとしました。その次の日は、靴ひもを結ばせようとしました。こうして龍龍は、確かに先生はやり方を教えてくれるだけで、代わりにやってくれることはないと理解しましたが、すると今度は毎日先生にくっついて、何でもかんでも自分のやることを見てもらおうとしました。他のクラスメイトは「あんまりだよ！」と言っています。

龍龍は一人っ子なので、何よりあの子が大切だというあなたの気持ちは分かります。しかし、ここ数日の様子を見た結果、恐らくあなたのお子さんは甘やかされ、無視された子どもであるとお伝えしなければなりません。

きっと納得できないでしょう。こんなに愛しているのに、自分があの子を無視しているわけがないと思うでしょう。でも、私たちは龍龍のような子を何人も見てきました。この子たちの親は、**自分に対する埋め合わせのために子どもを甘やかしているのです。親は自分の姿を子どもに投影しているだけなので、結果的に子どもの心の中にある本当の要求は無視されてしまいます。**こうした子どもは親に拒絶された子どもと同じく、過剰なまでに大人の注目を集めたがり、深刻な場合には、力で人を支配しようとする人間になります。**自分の非を認めない、何でも一番にこだわる、負けず嫌いといった性格は、子どもに対する親の期待と関係していることが多い**です。親の期待に応えようとして、子どもが無意識に自分の感情を閉ざしてしまうと、外に表れる言動と心の中の要求がどんどん離れていって、最後には人を思いやる心を失ってしまいます。これは本当に心配なことです。

子どもの要求を「直視」するとは、ひたすら子どもの求めに応じることではありません。子どもが社会や他人と関わり合い、社会性や対人関係を学ぶためには、親が真剣に子どもの要求に向き合い、先入観のない態度で応じることが必要です。親が子どもを甘やかす、または拒絶していると、結局は子どもの心の要求が「直視」されないままです。

だからこそ多くの親が戸惑いながら「心血を注いで育てたはずが、どうしてこんな難しい子に？」という疑問を抱きます。それはこうした**親の努力が、全て自己投影や自己満足のために費やされていた**からなのです。

例えば、子どもがロックマンのおもちゃが欲しいと言ったとします。欲しい物を買えなかった子ども時代の埋め合わせがしたい親、子どもに面倒を起こされたくない親、子どもに後ろめたさを感じている親は、口をそろえて「いいよ！　お金をあげる」と言い、子どもを拒絶する親は「ダメ！」と言うでしょう。でもどちらの場合も、親は子どもの要求を直視していません。なぜなら、親は子どもがおもちゃを欲しがった理由も知らなければ、この要求に対する自分の理解や、この答えに至った理由を子どもに伝えてもいないからです。

もう一つ例を挙げましょう。子どもが家に帰って泣きながら「隣の子に叩かれた」と訴えたとします。子どもに自己投影をしている親なら、顔を傷つけられたと怒り狂い、子どもを連れて棒を片手に「復讐《ふくしゅう》」に行くでしょう。中には「弱虫！　勝つまで帰ってくるんじゃないよ」と冷たく言う親もいるかもしれません。相手の子やその親御さんについて勝手な想像をめぐらす親もいるでしょう。しかし、この件を子どもがどう感じ、どう見ているかをきちんと理解していないため、こうした親たちは子どもを教育する絶好のチャンスを逃しているのです。

子どもが公共の場で大声をあげたり、他人のものを触ったり、周りの備品を壊したり、駄々をこねたり、ふざけたりするのを放っておいて、もっともらしく「子どもの意思を尊重している」と言う親をよく目にします。実は、これも子どもを無視しているのと同じです。**親は子どもの要求に自分の心を傾け、子どもが世の中と適切な関係を築くため、子どもに手を差し伸べる存在であってほしいと思います。そうでないと、人に尊敬され、好きになってもらえる子を育てるのは難しいでしょう。**

たった一人の子どもですから、あなたは龍龍が嫌われ者になることを望まないはずです。だから私は真剣に考えた結果、この手紙を書きました。どうか怒らないでください。

Q

親

子どもが友達に大ケガをさせてしまいました。**悪いことをしたと自覚させるために、息子をきつく叱るべきですか？** それとも同じことを繰り返さないために、もっといい方法がありますか？

A

揚揚《ヤンヤン》は学校でクラスメイトと棒の打ち合いをして、相手の頭に血が出るほどのケガをさせました。教室はパニックに陥り、お母さんであるあなたも不安に感じたことと思います。

あなたは自信を失い、ひどい息子を育ててしまったと思ったのでしょう。「学校でクラスメイトの頭にケガをさせるなんて、恥ずかしい！」と言っていましたね。でも、ケガをした方の子だって揚揚と同じ失敗をする可能性があったのです。

実は、「頭から出血するケガ」は必ずしもケンカなどの破壊行為が原因とは限りません。一緒に遊んでいて、うっかりケガをすることもあります。どちらにせよ、子どもはこうした出来事から本当の意味で学び、成長するものです。大人がその機会を奪ってしまうとしたら、あまりに残念です。

揚揚と今回ケガをした生徒は、どちらも暴力的な子ではありません。もっと言えば、二人ともとても自制心が強い子です。**幼い頃から一番聞かされてきたのは「これはやっちゃダメ。あれはやっちゃダメ」という言葉だったのでしょう。そのため自分の力の強さがよく分からず、危険をともなう遊びがあることも知らなくて、仲良しの二人が遊んだ結果、これほどのケガを負うことになったのです。**

先生の話では、揚揚は友達とほうきで打ち合いをしていて、手が滑って柄の部分が相手の頭に当たってしまったそうです。その瞬間、血が噴き出してきて、真っ青になった揚揚は、助けを求めて先生を捜し回り、やっとのことでその子を病院に送りました。でも、揚揚は家では何も言わなかったので、お母さんは翌日先生からの連絡を受けて、初めてこの件を知りました。だから「悪いことをした上に私に隠していたなんて」と余計に怒ったのですね。

なぜ揚揚が黙っていたのか、考えたことはありますか？　揚揚は悩んだと思います。正直に話したら、これまで悪いことをした時のように、すごく怖い思いをするに違いない。だからわずかな可能性を胸に、この事件があなたに知らされないことを願ったのでしょう。揚揚の立場になって考えてみてください。あの夜を、どんな思いで乗り切ったのか。

親友を傷つけた。父や母からひどく叱られる。次の日学校に行けば、先生やクラスメイトの目もある。こんな状況は一年生の子どもにとって、あまりに負担が重すぎます。もし私なら、さらに子どもを叩くなんてできないと思います。でもあなたは動揺を隠せない声で、「もし叩かなかったら、揚揚は非行に走るようになるでしょう？」と言いました。その瞬間、私は心の中に現れたありったけの神様に、揚揚とご両親をこの恐怖と不安から解放してほしいと願いました。

お母さん、そんな考えは捨ててください。**子どもを叩いたって、悪いことをしなくなるわけではありません。**よく犯罪者の親がインタビューを受けて、頬を涙で濡《ぬ》らしながら「小さい時、悪いことをしたらどうなるか、殴って教えてやったのに！　大人になってあんなことをするなんて……」と話すのをテレビで見るでしょう。一部の人は、こういう子どもの頃から「分からず屋」の人間は、生まれつきのワルなんだと言います。でも、本当にそんな単純なものでしょうか？

私は犯罪の研究者ではありません。でも今まで出会った子どもたちの中に「生まれつきのワル」なんて一人もいませんでした。ただ不適切なしつけによって、強い失望や怒りを抱え、自分自身を見捨てた子どもがいただけです。この子たちは、**接する大人の方が心を入れ替えて、子どものありのままの姿を受け入れ、長所を見つけ、肯定し、自信をつける手助けをすれば、必ず心を開いてくれました。**

それに、子どもが悪さをしない理由が、「何が悪いのかを理解したから」ではなく、

「罰が怖いから」である場合、もう罰を受けないと分かったとたんに、本当に何の恐れもなく悪事に手を染める可能性だってあります。

自分の恥ずかしいという気持ちや、子どもが非行に走るのではという不安はひとまず脇に置いて、揚揚の気持ちになってみてください。同じ立場で気持ちを理解し、話し合い、ショックを受けた心に寄り添い、埋め合わせをする方法を一緒に考えたら、あとは自然に任せるのです。あなたが気づいた時には、揚揚は安全な遊び方について学び、学校があれこれ注意しなくても二度と棒で打ち合ったりしなくなっているでしょう。責任をもって事後処理を行うことも学んで、ケガをした友達のお見舞いやお世話をすれば、友情にひびが入ることもなく、両方にいい影響を与えます。

まず考えてみましょう。**あなたは子どもに生きる上で必要な責任感を教えたいのか、それとも自分の怒りを発散したいのか。**前者なら、どうか先に自分の感情を整理して、それからお子さんと向き合ってください。後者なら、ただでさえ子どもも自分も落ち込んでいる時に、叩いて怒りをぶつけることで、より大きな罪悪感と苦しみを味わうほかありません。この方法は子どもの自我形成に悪影響を与える上、自分も他人も救われませんから、私は賛成できません。

子どもに責任感を学ばせるために「自然の流れ」や「論理的な結果」が利用できる

ことを知らない親が多いのは、本当に残念なことです！

友達にケガをさせた揚揚は、辛《つら》い思いをしています。校則に反して棒で打ち合ったことは、学校が決めた対応に従えばいいのです。親がすべきことは子どもの心のケアとサポートであり、これは子どもを叩くことよりずっと大切なことだと思います。

あなたを悩ませ続けている食事の問題も、同じことです。子どもには食に対する自然な欲求があります。ご飯を食べなければ、じきにお腹が減って、生理的欲求という自然の力があなたの代わりに揚揚を食事に向かわせます。もし時間通りに食事をしないと、論理的に考えれば、ご飯は他の人に食べられてしまい、自分の食べる分はなくなります。食事の時間、テーブルでいつまでも騒いでいたら、**まず「あなたのことは大好きだけど、食事に合った雰囲気というのも必要だよ」と伝え、家族みんなの意見を聞いて声を荒らげずに解決しましょう。**すると子どもは不公平感や理不尽さを感じずに済み、自分の行動を変えようという気になります。こうやって「自分の行動に責任をもつ」ことを学んでいくのです。

でも気を付けてください。あなたが怒って、子どもの意見に耳を貸さない状態にある時は、やり方が合理的であっても、子どもは親から罰を受けていると感じ、納得しないものです。

私は、子どもがただ親の言いなりになるのではなく、自分で自分をコントロールするようになるには、これ以外に方法がないと思っています。そして、この方法は全ての「教育」に通じるものだと。あなたはどう思いますか？

Q

親

「努力が必要なのは分かるけど、どうしてもできないんだ」と息子に言われ、困っています。

A

一昨日、私たちは電話で平平《ピンピン》についてお話ししました。その結果、学業面での問題を考えると、平平は学歴にとらわれず、自分の道を進む方がいいという意見で一致しました。

この数日間、平平のことを考えていたら、かつて受験競争に敗れた生徒の顔が次々と頭に浮かびました。こういう子を持つ**親が、学歴に対するこだわりを捨て、子どもに自分の道を進ませてあげていたら、社会にはもっと幸せと自信に満ちた人が増えるはず**です。

でも、どうやって実現すればいいでしょう?

そもそも平平はとても恵まれた子どもです。早くから自分の素質を理解し、スポーツ万能で、漫画や絵を描くという特技も見つけました。でも平平は、皆と同じように語文や算数のテストでもいい点を取りたいと言います。芸術大学に進学できなかったら将来お金を稼げないと思っているのかもしれません。あるいは、周りの生徒をライバル視して、負けたくない一心なのかもしれません。

教室でみんなと一緒に授業を受けるのは大変そうだったので、学苑は平平が自分の方法で学ぶことに賛成しました。しかし、勉強すること自体が目的になると、限界や失敗、苦しみが伴うのは当然です。平平は感情の起伏が激しくなり、自分を卑下し、人間関係にも苦労するようになりました。感情を抑えられない平平を見て、大人たちも心配し始めました。

また、平平はいつも漫画を読んでばかりで、スポーツと漫画以外には興味を持ちません。以前は画力を上げようと頑張っていたのに、最近はその努力も止まっているようです。お母さんがその話をしたら、平平は「自分でも良くないと思ってる。努力が必要なのは分かるけど、どうしてもできないんだ」と答えたそうですね。子どもが自分を責める姿を見て、あなたはショックを受けたことでしょう。この話を聞いた時、私も返す言葉に詰まりました。

語文や算数は、そんなに重要でしょうか？　平平は普通に生活するのに充分な読み書きと計算能力を持っています。大人だってよく漢字を間違えるじゃないですか。数学や言語を使った仕事で生きていこうと思わない限り、日常生活に困ることはまずありません。

芸術大学に行くことは、そんなに重要でしょうか？　芸大を出ていない芸術家は、世界中に数えきれないほどたくさんいます。一般人が皆と同じ道を歩きたがるのは、一人が怖いか、一人で進む方法が分からないからです。

この間、長男に平平の話をしました。すると自分が十歳だった頃の様子について、私がすっかり忘れていたことを思い出させてくれました。当時の私もあなたと同じように、感情の起伏が激しく、目的もなく日々を過ごす息子を心配し、強い意志を持ちなさいと言ったそうです。

そういえば、次男が五年生の時も、ゲームばかりしていることを夫と一緒に心配したものです。**親は心配する生き物、そう思いませんか？** 大切なのは、その気持ちにどう向き合うかです。

私は、心配する気持ちを子どもに伝えるという方法をとるようにしています。息子によると、私は子どもの行動を責めたり、何かを強制したりしないので、子どもは他人の目に映る自分を「鏡を見るように」確認して、今自分がするべきことを考えられるんだそうです。当時、次男はゲームの時間を制限しようと考え、自分も納得できて、同時に夫や私の理解も得られる答えを見つけるまで、何度も何度も調整しました。こうやって次男の問題は解決しましたが、長男の心配はそれからも続きました。彼はまだ自分の役割や目標を見つけられずにいたからです。十二歳になってようやく自分自身や周囲と素直に向き合えるようになり、十三歳になると、私に心配をかけることもなくなりました。

平平もまだ自分の役割が見つけられないだけです。これは人生のかかった問題ですから、答えが見つかるまで親は手出しできません。親が唯一できるのは、「たとえどんな答えが出ようとも、あなたを愛しているよ」と伝えることだけです。

長男が最も苦しみ、迷い、死んでしまいたいと思っていた頃、「もし僕がおかしくなって、路頭に迷っても、僕を愛してる？」と聞いてきたことがあります。私はみすぼらしい格好で路上に行き倒れる息子の姿を想像した後、真面目な顔で「私に一円でも残っていたら、あなたにそんな思いはさせない」と答えました。でも息子は頑《かたく》なな態度で「そうじゃなくて、それでも愛してくれるか聞いてるんだ」と言います。「愛してるに決まってるじゃない！」そう言って私はその場に崩れ落ち、長いこと泣き続けました。**当たり前のものだと思っていた競争社会、学校教育、そして両親の期待が、どれほど子どもを追い詰めていたか。時間をかけてようやくそのことに気づいた私は、それまでの価値観を何もかも捨てることにしたのです。**

あなたも平平のために「勉強だけが崇高なもの」という古い概念を少しずつ手放していますよね。子どもにとって何より大事なのは、「大切な人が自分を受け入れてくれる」ことです。だからあなたの強い心はきっと平平にも影響を与え、平平が自分自身を受け入れ、肯定するための助けになります。もしカウンセリングや薬による治療が必要なら、それも悪いことではありません。ただ必ず専門家に相談してください。

さて、もう一つ考えたいのは、「何かを始めたらやり通すべきか？」という問題です。一般的に、親は子どもが途中でやめることを、子どもの意志の弱さの表れだとマイナスに判断しがちです。でも私は、子どもの本当の望みを見つけたければ、試しにやってみるというプロセスは不可欠だと思っています。

一つ一つ選んで、試してみなければ、自分の適性は見つかるはずもありません。金庸《ジンヨン》の有名な武侠《ぶきょう》小説『射鵰《しゃちょう》 英雄伝《えいゆうでん》』で、武術家馬鈺《マーユー》が主人公郭靖《グオジン》に内功（武術の基本となる呼吸法）を教える場面に、ぴったりのセリフが出てきます。今手元に本がないのが残念ですが、こんなセリフだったと思います。「おまえの六人の師匠は、みな武術の達人だ。ただ師匠がおまえに教えた方法や技術がおまえの性分に合わなかっただけだ」。だから不器用な郭靖は、師匠のもとで必死に修行しても結果を出せずにいたのです。でも馬鈺が出てきて、こっそり郭靖に内功を教えたことで、師匠たちの苦労も水の泡にならずに済みました。

これは全ての物事に共通することではないでしょうか。自分の性分に合うものさえ見つかれば、それまでの練習は無駄になりません。大切なのは最終的に適性を見つけ出すことです。

運のいい人は、自分を導いてくれる先生に出会えます。自分だけの力を頼りに、自分の適性を探し出せる人もいます。もし平平が、世の中に何千、何万とある漫画の中から自分に合ったスタイルを見つけようと思えば、一冊でも多くの漫画を読む以外に方法はありません。だから今の漫画漬けの生活も、あながち間違いとは言えないですね！　ある日、この作風が自分に合っていると感じたら、それを描き始めればいいし、途中で違うと感じたら、また変えればいい。これは中途半端ではなく、試行錯誤と呼ぶべきです。私は漫画家ではないので、自分の経験に照らしてお話しすることしかできません。あなたと平平で話し合えば、理解はもっと深まるでしょう。

子どものことは誰よりも子ども自身が分かっています。ただ、子どもは親を愛するあまり親が望む自分になろうとして、次第に「自分を理解する能力」を失っているだけなのです。

世の中の全ての親が、自分の子どもを受け入れ、自分の道を模索する子どもを応援できたら、どんなにいいでしょう。ここまで書いてまた私の頭に浮かんだのは、「落ちこぼれ」と呼ばれ、受験競争の中で自分を否定された子どもたちです。親以外に、この子たちを支えてあげられる人がいるでしょうか？

あなたの家族全員の幸せを願っています。

第6章

「いい子」の傷は、深い

Q

親

「自分の行動に責任を持つ」という考えを、子どもはいつ頃から身につけるべきですか？

A

この間は、「自然の流れ」や「論理的な結果」を使って、子どもに「自分の行動に責任を持つ」ことを教えられるというお話をしました。もっと分かりやすく教えてほしいという声に応《こた》えて、もう少し続けてみましょう。

これは本当に難しい問題です。もし「生まれた時から始まっています」と答えたら、私が冗談を言ったと思うでしょうか？

でも冗談ではありません。赤ちゃんの世界では、自分は非常に弱々しい存在で、周りは大きくて強い大人や子どもばかり。物事にどう対処すれば効果があるのかを学ばないと、飢えや寒さで死んでしまいます。**自分の行動がうまく効果を発揮すれば、自信がつく上に、他人の関心や援助も得られます。でもうまくいかない時は、心が不安でいっぱいになり、あらゆる行動や動作によって大人をコントロールしようとするのです。**

赤ちゃんの頃、ちょっと泣くだけで充分に面倒を見てもらえた子どもは、どれほどいるでしょう？　泣かない限り、心や体を気遣いながらお世話してもらえる赤ちゃんなんていませんし、むしろ多くの場合は、泣きに泣いて、声がかれるまで泣き続けても、充分になぐさめ、面倒を見てもらえるとは限らなかったはずです。

ちょっと思い出してみてください。赤ちゃんの揚揚《ヤンヤン》に自分がどう応じていたか。思い出せない？　きっと親も子どもも、多くの場合は忘れています。でも子どもの体は覚えています。**一回一回試す中で、父親や母親の反応パターンを蓄積して、少しずつ自分が社会と関わるための方法を身につけているのです。**体が徐々に成長すれば、利用できる手段はどんどん増えていきます。

考えると恐ろしい！　そうでしょう？　だから私はみんなが親になってから大騒ぎで「良い親になる方法」を学ぶ必要がないよう、義務教育に「子育て学」を盛り込むべきだと考えています。でも、似たようなことは昔から言われていますが、あまり取り上げられることはありません。

子どもを愛する親の意識は、常に「今、子どもが求めるもの」に向けられています。抱っこしたり、遊んだり、お話ししたり、歌ってあげたりするだけでなく、子どもを観察して、お腹が空《す》いたか、おむつを替えるか、そっとしておくかなどを判断します。このように愛情を注ぎ、見守ってあげると、子どもは安心感を覚え、自信が持てるようになり、自分が重要な存在であることを改めて証明しなくても、大人とうまく関わっていくことができます。

でも、中には常に大人の注意を引こうとする子がいます。大人の意識が自分以外に向くことに耐えられず、時には注目してほしくて様々な悪事まで働きます。私は学苑でこういう子どもをしょっちゅう目にします。

きっと安心感が足りないから、大人を思うままに動かすことで、自分の価値を証明したいのでしょう。

こうした「暴君」の親たちは、子どもを愛していないのではなく、愛し方を間違えているだけです。少し話を聞くと、必ず親子関係に問題があることが分かります。時には親御さんの子ども時代の心理的欲求にまでさかのぼって分析する必要があるため、とても大がかりな作業になります。もし「うちの子も同じだ」と思う親御さんがいれば、ちょっと確認してみましょう。お子さんは愛情不足を感じているようですか？あるいはすでに大人を思い通りにしようとする行為が見られますか？

幸い、人間の成長とは切れ目なく続くものです。少なくとも今から努力を始めれば、日常生活の中で子どもは自信をつけ、大きく成長することができます。

どうすればいいかって？　それは教えられません！　自分で考えないと。子どもも家族も千差万別ですから、全てに当てはまる「正しい答え」はありません。でもこれだけは言えます。**愛情、自信、自己肯定感は健全な感情であり、それに対する偽物が支配欲、権力欲、完璧《かんぺき》主義です。**この二種類の違いが分かれば、あなたは何が正しいかを自分で判断できるようになります。

でも問題をもっと複雑にしたくなければ、子どもとの主導権争いは避けた方がいいでしょう。この争いのサインを見極めることは、親子関係を変えるための重要な一歩です。

どんな時でも、もし**親子の両方が怒った状態か、落ち込んだ状態にあれば、すでに争いが始まっているサインです。**

揚場とあなたの場合、食事が典型例ですね。あなたが子どもに何かを無理に食べさせようとしたら、これが主導権争いのスタートです。普通、親はまず「野菜は栄養があるから、食べようね」と優しく諭します。でも子どもに「やだ！　まずいから食べたくない！」と反抗されると、強い口調や甘い言葉を使い始めます。そうしてあらゆる手段を使い、やっとのことで野菜を食べさせることに成功したとします。ところがこの結果、むしろ親の方が悩み、落ち込み、イライラし、少なくとも小言が増えてしまう。つまりこの争いに勝者はいないのです！

学校に行く準備も同じです。時間通りに起きて、家を出るのは揚揚の責任のはずなのに、毎日あなたが何度も起こしに行き、歯磨きしなさい、朝ごはんを食べなさいと言い、スクールバスに乗り遅れたら車で送ってあげるなんて、とても奇妙なことです。まるで全てはあなたの仕事で、子どもとは無関係のようです。もし時間通りに出発できたら、あなたは揚揚に「ありがとう」とさえ言うんじゃないですか？

あなたをからかうのは良くないですね。では「人は誰しも食に対する自然な欲求がある」と言ったら、もっとシンプルに考えられるでしょうか。子どもが「この野菜はまずい」と言うなら、どの野菜が好きなのか聞いてみましょう。もし野菜は全部嫌いと言われたら、いったん「野菜を食べさせる」というこだわりや焦りを捨てましょう。親は健康的な食べ物と温かい食卓を用意するだけでいいのです。何かを食べるよう急《せ》かしたり、お願いしたり、他のもので釣ったりする行為は全てやりすぎです。もう「野菜を食べる・食べない」をめぐって争う必要がないと気づいた時、子どもはあっさり野菜を食べるようになるかもしれないし、野菜のない食事を楽しむようになるかもしれません。どちらにせよ、親は親で食事を味わって、みんなで楽しく食卓を囲むことはできます。これが子どもを尊重しつつ、自分も満足するための知恵です。

学校の準備も同じことです。**子どもに合った学校を見つけるのは親の責任ですが、**

あとは子ども自身の問題です。時間通り起きる方法を知らなければ、目覚まし時計などの使い方を教えてあげましょう。時間を把握する方法が分からなければ、一緒に計算の方法を学びましょう。もたもたしてスクールバスに乗り遅れたら、当然歩いて学校に行くか、一日中家にいることになります。子どもに対して、「始める前から否定しない、途中で口を出さない、結果を馬鹿にしない」という三つを守りさえすれば、充分いい親です。親がこんな風に振る舞ってくれるだけで、この上なくありがたいと思う子どもはきっとたくさんいるはずです。

子どもは自分の行動に責任をもって初めて自己管理を学び、自分で成功した経験があって初めて自信をつける。私はそう考えます。

今のままでは相手に従うだけの子どもや、敗北感や怒りを抱えた子どもだけがどんどん増えてしまう。あなたも私もそんなことは望んでいない。そうでしょう？

Q

生徒

大人にとっての「いい子」は、親や先生の言うことを聞き、反抗せず、命令に従順な子のことです。子どもは物心がつけば、自己主張するのが当たり前です。親と意見が違うのに、**無理やり親に従わなければならないとすれば、自分を押し殺して「いい子」になるしかありません。**

A

あなたの文章を読み、一般校で「いい子」と呼ばれる子どもたちに対して、深い同情を感じました。

私の子どもたちも、昔は幼稚園でトイレの列に並ばなかったり、お昼寝を嫌がったりして、先生に「悪い子！」と叱られては落ち込んで帰ってきたものです。しかし、私と一緒に「いい子」と呼ばれる意味について真剣に話し合った結果、子どもたちは恐れず堂々と「いい子になんてならなくていい」と心に決めました。

十代になった今も、子どもたちの意志は変わりません。いい子になろうとすると、大人の機嫌を取る代わりに自信や自尊心が失われてしまうかもしれない。それなら、いい子と呼ばれるのを諦《あきら》めてでも、自分自身を守ろうと考えているのです。

私は大勢の人と一緒に山の中の小さな教育実験校を作りました。この学校に「いい子」や「悪い子」という評価はありません。**「いい子」という言葉は、それ自体に子どもを支配しようとする意味が含まれる**からです。

あなたのような子どもからこのような問題提起がなされたことは、残念でもあり、嬉《うれ》しくもあります。残念なのは、今も昔も多くの大人がここまでの反省にたどり着けないこと。一方で、こんな風に考えられる子どもがいるのだと嬉しく思いました。でもあなたが大人になった時、今の自分の気持ちを忘れずにいられるでしょうか？　自分や誰かの子どもに対して、同じように振る舞わずにいられるでしょうか？

この質問に悪意は全くありません。私はただ、虐待を受けた子どもが暴力をふるう大人になる事例があまりに多いことを嘆いているのです。暴力や支配がどれほど人を傷つけるか、幼少期に深く理解したはずなのに、大人になると同じことをしてしまう。

それには、子ども時代、暴力や支配に対する認識に充分なサポートが受けられなかった、より良い方法を学ぶ環境がなかったなどの理由があります。そのままの状態で大人になると、徐々に自分の感覚が分からなくなり、暴力や支配が正しいとさえ思うようになってしまうのです。

これに加え、世間体や他人の評価を気にするあまり、親は子どもに「自己犠牲による社会貢献」を説くのではなく、「親の言うことは絶対だ」「叩《たた》くのは、お前を愛しているから」などともっともらしいことを言います。質問や意見が許されなければ、子どもという弱い存在は自分の感情を押し込めるしかありません。これを繰り返すうちに、幼い子どもは仕方なく辛い記憶を受け入れ、自分も親と同じ考えに基づいて行動するようになります。

どんなに賢い大人でも、「子どもはいい子であるべき」と思っている限り、子どもが自分で考え、自分で成長する力を養うことはできません。もちろん親は子どもの面倒を見なくていいとか、子どもを自己中心的に育てようと言うのではありません。親自身が自分の行動を省みることが必要で、子どもに一方的に考えを押し付けずに、親子で信条や価値観について話し合う機会を作るべきだと言いたいのです。こうすれば、大人は自分がどんな考えに基づき行動しているのかを再確認できますし、子どもはこれをきっかけに成長することができます。

こうして受け入れ、認め合い、話し合ううちに、私たちは本当の意味でお互いを尊重し、愛することができるようになります。

あなたは「いい子のことを忘れないで」と大人たちに呼びかけ、いい子の考え方や気持ちをできるだけ理解してほしいと言っていますね。でも私の考えは違います。**この世界に「いい子」なんていらない。どんな子でも自分を肯定し、大切にするために努力できる世界になってほしい。**

そうすれば、子どもは大人の言葉の支配から解放され、自立した人間に成長します。
ここ数年、私は一般校からこの学苑に転校してきた生徒をたくさん見てきました。真面目で優秀ないい子、大人の目には救いようがないと映る悪い子、自分を大きく見せようとするか、反対に自分を卑下する子。皆この学校で、自分らしさや効率的な自主学習の方法、さらには世の中や自分と向き合う方法を学んでいます。**私たち先生は、自分の道を見つけようとする子に寄り添い、サポートできる環境を作っているにすぎません。**必要な時は自分の経験を語り、子どもと一緒に考えます。
この学校を続けるうちに、いわゆる「いい子」が自主性を持った子どもになるには、より長い時間と困難なプロセスが必要であることが分かりました。

「一般に『悪い子』と呼ばれる子は、学校側の価値観を受け入れていない子です。そのため反抗心や疑念から自分や他人を困らせるのですが、種子学苑に来た後は、新しい価値観を築くだけで済みます。ところが『いい子』は、従来の価値観に完全に縛られています。今あるものを壊してから、新しい価値観を再構築するというプロセスは、当然多くの時間と労力が必要です」。これまで多くの子どもを見てきたベテラン教育者はこう語ります。

授業や日常生活の中で、「いい子」はいつも先生が「正しい答え」や方法を与えて

くれるのを待っています。先生がそれを与えてくれないと分かると、一体何をしたらいいのか、途方に暮れてしまいます。

「いい子」たちは、決まった答えがない問題や、テーマのないエッセイが苦手です。いつかどこかで間違いを犯すのではないかと不安になるからです。心の中に言い知れぬ恐怖があり、常に他人から肯定され、称賛を受けない限り、自分の出来は不充分だと感じます。他者の成功を受け入れるのも苦手で、自分以外の人が褒められると、すぐに「じゃあ自分はダメなんだ」と解釈してしまいます。実際のところ、発言した人に比較する意図は全くありません。このような「いい子」には、本当に心が痛み、同情を感じます。

ある日、このことを学苑の「ベテラン生徒」と話し合ったところ、中でもはっきりと意見を言う生徒がこう言いました。「機会があれば、一般校に通う全ての子どもに、『嫌な感じがして、理由もよく分からない要求に従うのは、魂を売り渡す行為なんだよ』と伝えなければいけないと思います」

私も「大人の言うままに自分の魂を売り渡せばいい」なんて二度と子どもに思わせないでほしいと、全ての大人に対して、心から願います。

Letter 8

道半ばで思うこと

小凱《シアオカイ》(当時15歳)

子どもを自主学習の学校に通わせようとする家庭は、いつも答えの出ない問いや、親と子の終わりのない争いを抱えているものです。その原因のいくつかは、父親や母親から見て取ることができます。この手紙は、この道を歩む多くの家族に共通する一面を表しているかもしれません。でも学び成長したいと願い、一歩踏み出し、勇気をもって前に進む限り、問題はいつか解決し、傷つけ合うことなく、分かり合える日が来るでしょう。

親愛なるお母さん

種子学苑に入ってもう何年も経ちますが、本当はお母さんに話したい事がたくさんありました。でも、いざ話をしようとしたら、僕たちは普通の親子では考えられないほどに会話が成立しないことに気づきました。

今になってみると、なぜお母さんがこの学校を選んだのか分かりません。学校が僕を成長させてくれると、その分だけお母さんとの距離は遠くなりました。気づいていませんでしたか？　それとも信じたくなかった？　お母さんにも教育の理想があるでしょう。一般校の教育は良くないと本気で思っていて、この学校が何かを変えてくれると期待したのかもしれません。でも、今お母さんの目には何が映っていますか？　変わった僕を見て、驚いてくれますか？

お母さんが本当の意味で教育に関心を持ち始めたのは、お父さんよりも何年も後のことだったそうですね。僕を学苑に入れた後も、最初の何年間かは、変わっていく僕の全てが気に入らなくて、僕のことをだらしなくて、意地が悪くて、頑固な子だと思っていたとお父さんから聞きました。後悔するとは思っていなかったのでしょうか。その後、お母さんは妹の成長を目にして、妹が何かを考えたり、日々新しいものを発見したり、自己主張を覚えたりする姿に、興味を持ち始めます。その日妹に起きたことを嬉しそうに語り、一緒になって赤ちゃん言葉まで使って遊ぶ姿は、正直ちょっとおかしく見えました。でもお父さんは、このおかげでお母さんはすごく進歩して、昔のように怒ったり文句を言ったりしなくなったと言いました。お母さんが認めるかどうかは別にして、僕は本気でお母さんが変わったと思います。単に我慢強くなったというだけではありません。

お母さんが心の病気という言葉を使いたくないことは知っています。あらゆる非科学的なものが嫌いで、「苦労ばかり多くて割に合わない」から、僕に将来、文化・芸術の道に進まないでほしいとさえ思っていますよね。いつも人を疑っていて、よく嫌なことを言って僕を脅かすのは、僕を励まそうとか、強い危機意識を持たせようとか思っているからかもしれません。でもこれだけは言っておきます。**僕はこのマイナス思考を、何年もの間、徹底的にすりこまれてきました。このネガティブな考えが心の奥底にまで入り込んだことで、人生や世の中を悲観して、悪い方にばかり考え、一度は自分の命を終わりにしようとまで思い、この時初めてお母さんの影響の大きさに気づいて、すごく怖くなりました。**今はここから抜け出そうと努力していますが、お母さんはまだ僕に押し付けようとします。僕はお母さんの考えを無理に変えようとは思いません。でも、少し僕を自由にしてほしい。この何年かで、少しずつ危機意識を保てるようになってきたと思っています。僕はただ、絶えずネガティブな方向に引き戻される状況を変えたいだけです！

僕が小さい頃から、お母さんは僕を理解していませんでした。僕が色々な学校に入ってはやめてを繰り返しても、結局僕がどう変わったか気づかないままでした。僕らは二本の平行線のようで、一緒に暮らす家族だという以外、僕が何に心を動かし、何を望み、何を思うのか、お母さんには分からないのです。学苑の先生には、「**親御さんに自分の心の全てを分かってほしいなんて思っちゃいけない。分かってもらえるのは、自分が何をしているかだけだよ**」と言われました。

伝えておきたいことがあります。去年、お母さんは自主学習のあるべき姿を何度も語っていましたが、あれはお母さんの想像にすぎません。**子どもに親が望む方向に沿って自主学習をしてほしいと思うこと自体、自主学習の本質とかけ離れています。**それと、少し前に僕に向かって、高校に合格できなかった時や、将来何かあった時には、他人のせいにせず、自分で責任を取りなさいと言いましたね。でも、僕がこれまで何かを他人のせいにしたことがあるでしょうか？　この学校に入って、自主学習とは自分の行動に責任を持つことだと、とっくの昔に学んでいます。僕の将来がどうあるべきかを決めることで、母親としての責任が果たせると思っているのですか？　それとも、僕が王道のレールを進まないと不安？　恥ずかしい？　単に心配しているだけ？　**今僕に必要なのは、お母さんに応援され、意見を言ってもらうことで、反対され、高圧的な態度を取られることではありません。**とにかく、僕とお母さんの未来は同じじゃない。**僕にも未知との出会いが必要で、一歩踏み出すことを恐れて、元の場所にとどまっているだけでは、いい結果は生まれないはずです。**

よくドラマで傷ついた（または怒った）父親（または母親）が言う「お前は成長して一人前になったから、もう私は必要ないね！　何を言っても余計なことで、うっとうしいと思われるだけだ」というセリフを、お母さんもよく使いますね。でも、子どもの成長は、一つ一つ積み重ねていくものだと思いませんか？　**子どもの心と体がだんだん離れていくと、親は喪失感が強まり、いつも自分を頼っていた子どもはもういない**

んだと感じます。こんな時は、親から友達へと立場を変えるしか方法はないと思います。親という立場にしがみつこうとすると、喪失感は強まる一方です。

お母さん、妹も大きくなってきました。お父さんは僕の心を守ってくれていて、お母さんは妹の成長を見守っている。家族全員で心を開いて、楽しく一緒に過ごせる日がいつ来るのかは分からないけど、きっとそう遠くはない。そう願っています。

あなたの息子、小凱より

第7章

変えたい！
でも変えられない！

Q

生徒

本当は親とケンカしたくないんです。怒っちゃダメ、怒っちゃダメと自分に言い聞かせているんですが、**なぜか両親の顔を見ると、ちょっと話すだけで怒りがこみあげるんです。**

A

またご両親とケンカしたのですね。手紙を読んで、あなたが自分自身にも戸惑いを感じていることがよく分かりました。あなたは感情のコントロールすらできない自分が許せない。でも、「他の人に対しては平気なのに、どうして自分の親だけはダメなの？」と思ってしまう。

本当は冗談めかして「同じ十三、四歳の年頃で、ご両親といい関係を保てている子が何人いると思っているの？」と聞きたいところです。でもこんな風に質問をかわしてもあなたの助けにはならないので、この問題について少しお話しすることにしましょう。

人は十歳を過ぎた頃から、性ホルモンの分泌が始まります。体のあちこちで「何か違う」という変化を感じ、感情の起伏も激しくなります。背が伸びて、力が強くなり、理解力もついてきて、これまで底知れない知識と強さがあると思っていた「大人」が、何でもない存在に思えてきます。こうして人生の一大事である反抗期が始まり、それまで何でも大人の言うことを聞いていた子どもも、自分の意見や考えを主張するようになります。

伝統的に親や年長者の力が強い中華圏の子どもにとって、反抗期はとても重要だと私は考えます。親や先生がうまく対応すれば、子どもの自信につながるからです。でも、**親が子どもの間違いを正そうとか、自分の考えを押し付けようという態度を貫くと、子どもは臆病《おくびょう》で引っ込み思案になるか、乱暴で支配的になります。**その後の人生で自分を振り返り、自信を取り戻すチャンスがない限り、プラス思考で温和な大人になるのは難しいでしょう。

今、多くの親は「キレる」子どもや「荒れる」子どもの対処法を率先して学んでいます。こんな言葉が使われていることからも、ほとんどの親は子育てに四苦八苦していると分かるでしょう。そう、大人だって子どもにどう接したらいいか分からないのです！

正直な親であれば、この戸惑う気持ちを隠しません。今自分たちがどういう状況にあるかを明らかにした上で、子どもと一緒に向き合い、新しい関わり方を探そうとします。親と子が共にこの時期を乗り切ることで、親子関係はより親密になるでしょう。

でもこれはとても勇気がいることです。子どもの前で自分の弱さを認めるのは簡単ではないため、そもそも親が自分に自信をもっていない場合、仮面をかぶって親の威厳を保ち続ける方を選んでしまいがちです。

ご両親はこの問題に気づいているでしょうか？　手紙を読む限り、あなたたち親子の関係はあまり順調ではないようです。もしこの**状況を変えたいなら、行動を起こさないといけません。**

一部の例外を除いて、ほとんどの家庭で子どもは弱い立場にあります。弱者が自分を取り巻く世界を変えるには、ちょっとした知恵が必要です。

知恵とは何か？　仏教では「智慧《ちえ》」といい、「智」とは物事の違いを区別すること、「慧」とは物事に共通する真理を見極めることを指します。どんな事でも違いと共通点をはっきり理解することで、その本質を知ることができます。本質が分かると、自然とその場に最もふさわしい対応ができるようになります。この能力こそが知恵なのです。

知恵を手に入れると、悩みや疑いは消え、自然と自信や勇気をもって行動できるようになり、弱い立場から抜け出し、世界を変える力さえ湧いてきます。

子どもが親から主導権を奪おうとして対立する家庭をよく見ますが、私は「対立」

にそこまでの力があるとは思いません。

特に親子の対立は、無意味に傷ばかり増えていき、お互いに「いっそ顔を合わせない方がいい」と思うだけです。

親子の関わり方を理解するためには、まず人と人との関わり方を学ぶことをお勧めします。

情報やサポートが必要なら、心理学の体験型講座に参加してもいいですし、様々な本も出版されています。きっとあなたは「どの本を選んだらいいですか？」と聞くでしょう。でも他人がいいと思う本をあなたも気に入るとは限りません。もちろん人に聞くのはいい方法ですが、本を選ぶ力を磨くことも大切ですよ。

一般的には、正規の出版社が出した心理学の本であれば、国内の作家でも外国語の翻訳でも、本棚の前で本を開いてみて、すらすら読めれば問題ありません。**読み進めるのが難しかったり、あなたの求める内容とかけ離れていたりしたら、別の本を選びましょう。**こうしてうまく本を見つけられるようになれば、この力は、生涯を通じてあなたの役に立ちます。

では、参考にできそうな本が見つかったとします。まずは本の中のアドバイスが自分に合うかどうか考えてみてください。分かっていると思いますが、「原則」は全ての人に当てはまることが前提とはいえ、人も、家庭も、親もそれぞれ違います。自分の判断を信じて、自分に合うよう修正してから、アドバイスを実践してみましょう。少しでも行動に移すことは、ただ心の中で人の善意を期待したり、罪悪感で自分を責めたりするよりもずっと効果的です。

実は**私たちの心には、理性的な大人、愛に飢えた臆病な子ども、人の指導やお世話が好きな親という三つの人格が存在しています**。人と関わる時や自分自身と対話をする時は、そのうちの一人が飛び出してきて、その瞬間の自分として振る舞うのです。

例えば、友達にお金を貸してほしいと言われた時、ちょうど親の人格だった場合、あなたはその友達を仕事もしない怠け者だと責めた後、お金を増やす計画をあれこれ考えてあげるかもしれません。子どもの人格の場合、お金を貸さないと怒られる、相手にひどい奴だと思われたくない、嫌われたくないという気持ちから、ついお金を貸してしまうかもしれません。大人の人格だったら、たった一言必要な金額を聞いて、自分の能力と友達の信頼性を考えた上で、貸すかどうかを決めるでしょう。

自分自身を冷静に見つめられる人とは、何かが起こった時、素早くどの人格で対応するべきかを判断し、心を落ち着かせて、自分が望まない状況に陥るのを防げる人のことです。

あなたが親の前で感情的になりたくないと思うなら、思い出してみましょう。親といる時は、いつも子どもか親の人格があなたの感情を揺さぶって、冷静に話ができないのではないですか？　もしそうなら、練習すればいいのです。次にカッとなったら、これは自分の一つの人格にすぎないと言い聞かせましょう。まずは落ち着いて、冷静で理性的な大人の人格を登場させます。この人格が充分成長していれば、ご両親と向き合って事実に沿った話ができます。理性的に話をする娘を前にすれば、ご両親も理不尽で批判的だと思われないよう、自分の中の大人の人格で対応しようとするでしょう。

こうやって一人の中に様々な人格が入り込んでいるからこそ、人間は魅力的なのです。ただこの三つの人格というのは、心理学者が分かりやすく喩《たと》えた言葉にすぎませんから、あなたはもっといい方法で説明できるかもしれません。

自分を知るって、とても素敵なことですよ。自分を知ることで何かが失われるわけではありません。さあ、試してみようと思いませんか？

Q

生徒

つまらない、とにかく毎日がどうしようもなくつまらないんです！

A

今学期最後の日をみんなと一緒に歌や踊りで締めくくった次の日、私は全く起きる気がしないまま布団の中にいました。毛布のぬくもりに包まれくつろぎながら、窓のひさしに当たる雨音に耳を澄ますと、前日の光景が思い出されて、とても幸せな気分になりました。

突然、窓の外を飛び回る鳥のジージーという不思議な鳴き声が聞こえてきました。大雨にも負けない明るく澄んだ声です。

そんな時、ふとあなたを思い出しました。いつも私の前で「ああ、つまらない！」と大きな声を出す女の子。そこで私はあなたに手紙を書こうと決めました。

一般校からこの学苑に転校し、自分で授業を選択する生活が始まると、実はほとんどの生徒が何をしたらいいか分からず、つまらないと感じます。ここにはやるべきことを一つ一つ決めてくれる人なんていないからです。目の前に全ての時間が並べられて、自分の指示を待っていることを知り、最初はみんな「どうしたらいいの？」と頭を抱えるものです。

でもすぐに学苑のルールや文化を肌で感じて、自分の役割を見つけ、徐々に自分を理解し、自ら成長を始めます。すると「つまらない」という言葉も聞かれなくなります。

一方あなたはというと、もう新入生ではありません。この環境に慣れて、自分なりの学校生活を始めています。少し前までは、活発で生き生きとして、授業でも大活躍だった上に、学内の色々なクラブにも参加していました。

充実した生活を送りながら、一日中ひっきりなしにお話しする姿は、まるで元気な小鳥が校内をあちこち飛び回るようでした。

それなのに今学期になったとたん、退屈の底に沈んでしまったのはなぜ？

新入生が多すぎて、生活のペースを乱されたというのは本当ですか？　新しい仲間があなたの輝きを奪ったのでしょうか？　それとも、勉強に難しさや自分の限界を感じて、それを拒絶したいのでしょうか？　あるいは、理性的な自分と心の奥底で愛情を求める自分が共存できないと気づいたのでしょうか？

理由は分かりませんが、とにかくあなたは「つまらない」とひどく思い悩むようになってしまいました。

担任として、一日中むしゃくしゃしている姿が気になっていたのですが、あなたはこの話をするのを嫌がり、ただ「つまらない！」と繰り返すだけ。他の教科の先生もこの状況に気づいて、あなたを助けようとしました。

あなたを編み物や散歩に誘う人もいれば、あなたの絵を見ていら立ちや不安を読みとる人、一緒にキャッチボールをする人、黙ってあなたが相談しにくるのを待つ人もいました。でも日に日にあなたは落ち込んでいき、ご両親も先生もみんな心配し始めました。似たような経験のある生徒や大人だけが、「そういうものだから」と私を落ち着かせようとしました。

そのうちの一人は、「何かをやる気にさせようとしても無駄だよ。あの子は今イライラする気持ち以外、全ての感情に蓋《ふた》をしてしまっているんだ。そうやって周りの反応を見て、まだ自分は心配されていると知って安心しているんだよ」と言います。

私は「そんな！　じゃあ何をしてあげたらいいの？」と聞きました。

すると「まずは、いいお医者さんに検査してもらうといい。もしホルモンに異状があるなら、治療すればいい。次に、周囲の環境を確認する。**あまりに単調な生活だと、基本的な欲求である好奇心が刺激されず、自然と物事への探求心もなくなってしまう**から。どちらも問題なければ、過去の自分や意識から手を付けるしかない」と言います。

この生徒の確信に満ちた瞳《ひとみ》を見つめていたら、突然あなたに聞いてみたくなりました。

最後にじっくり花を眺めたのはいつ？　あなたは人生について真剣に考え、「人はなぜ生きるの？」と自分に問いかけたことがありますか？　ディスカッションのクラスで、私たちがこの問題に一か月も二か月もかけたのを知っているでしょう。最近あなたは、字を書く、食事する、服を着る、歯を磨く、人と話すといった生活の中の小さな出来事に本気で向き合ってみたでしょうか？

「むしゃくしゃする」と「つまらない」の違いについて考えてみたことがありますか？

この二つの違いを、私ならこんな風に考えます。

「むしゃくしゃする」とはイライラ、そわそわする気持ちの一種で、多くの物事が入り乱れて、「どこから手を付けていいか分からない」、または「方法は分かるけれどやってもきりがない」と感じることです。絵で表すなら、私はオレンジ色を基調にすると思います。

それに対し「つまらない」は暗い灰色で、目の前の複雑にもつれた物事を、まっすぐ見つめることができないような感覚です。過去を思い出すことや、たまに未来に目を向けることはあっても、決して今を見ようとはしません。今という真実に向き合うにはエネルギーが必要で、つまらないと思う人にはそのエネルギーがないからです。

あなたは私の意見に賛成ですか？　それとも別の考えがありますか？

人間は生きる中で常に自分や家族、友人、環境の影響を受けます。**着るものや食べ**

るものに困らず、愛情を注がれ、友達がいて、学ぶ場があれば、大抵の子どもはこれを力に変えて自分の個性を輝かせ、やがて人生とは何かを考えるようになります。

この道を選んだ人だけが、安心を得るのです。

「安心」とは何か知っていますか？

「つまらない」と同じく心の状態を表す言葉ですが、自分を好きになり、世の中を怖くないと思う心が「安心」です。心と体のバランスを保ち、積極的に何かをするわけでも、怠けるわけでもなくただ心を開き、どんな状況にも余裕をもって向き合い、どんな結果も受け入れる。実にのびのびとして心地良い姿です。この安心を感じる人は、生徒の中にもたくさんいましたし、私の身近な人の中にもいます。その様子を見る度に、私は喜びと驚きを感じます。

でも私自身は、安心を感じる時もあれば、むしゃくしゃしてしまう時もあります。これは私がまだ終わらせることのできない宿題です。そう、私たち大人だってあなたと同じように悩みを抱えているのです。

少し前に、あなたのように「つまらない」が口癖の子を集めて「つまらないクラブ」を作ろうと言ったのを覚えていますか？

あなたを「だます」ことには失敗したけれど、私は本気でした。というのも、「つまらない」という心は、正面から向き合ったとたんに消えてなくなってしまうからです。つまらない状況が心地良い人にとっては、今ある世界がひっくり返ってしまいます。あの時、賢いあなたがこの誘いを断ったので、私はあなたを嫌な気持ちにさせたくなくて、それ以上何も言いませんでした。

でもやっぱりあなたのことが気がかりです。だから丸一日歌って踊った後、冬休みが始まった最初の日に、温かい布団の中であなたの言う「つまらない」についてじっくり考えました。私の思いを文字にまとめてあなたに送ります。

この手紙は雨音に響くジージーという鳥の声だと思ってくれれば、それで充分です。布団から出るかどうかは自分で決めること。私は散歩に行ってきますね。

Q

生徒

両親は自分を分かってくれません。同級生は浅はかな人間ばかりで、先生は点数や偏差値のことしか頭にないんです。人生はテストとつまらない冗談で満ちていて、大切なものは何もないし、**こんな退屈な毎日、何のために生きているか分かりません。**

A

緑豊かな自然歩道を進む途中、胸の内ポケットに入れたあなたの手紙のことを思い、心が痛みました。

一人の若者の表情が徐々に暗くなっていく姿は、想像するだけで背筋が寒くなります。

歩道に目をやると、赤や紫の花々が風に揺れ、クスノキの枝からは、新芽が顔をのぞかせています。この美しい風景と、人生を終わりにしたいという手紙は、あまりに不釣り合いな組み合わせです。ポケットの中のあなたの手紙は、石のように重く私の心にのしかかっていました。

すると七歳の仔仔《ザイザイ》が、ガラス瓶を持って駆け寄ってきました。中では小さなカエルがすし詰め状態になっていて、すでに半分はひっくり返っています。幼い仔仔は、動揺と悲しみの表情を浮かべ、「さっき入れたばかりなのに、どうして死んじゃったんだろう」と言いました。

この狭い空間の中、カエルたちは踏みつけ合い、空気を奪い合って死んでいったのでしょう。

突然、私はこの小さなカエルとあなたが重なって見えました。

「カエルをいっぱい捕まえて瓶の中に入れるのが面白かっただけなんだ。水も入れてあげたし、こんなすぐに死んじゃうと思わなかった」

仔仔はカエルが中で苦しんでいることを知りませんでした。同じように、あなたのご両親や先生も、あなたが人生に絶望しているなんて想像もしていないことでしょう。

カエルは死にました。今あなたも生と死の間で揺れています。でも幸いなことに、あなたにはまだ選択の余地があるのです。

自分の人生について、恨み悲しむ以外に、こんなことを考えたことはありますか？

「両親や先生、友達は、自分の苦しみを知っているだろうか？」『他人』に敷かれた人生のレール以外に、別の道はないだろうか？」「親に頼らず、自分の力で生きていく方法はないだろうか？」「自分がしたい事、したくない事、できる事、できない事は何だろうか？」

十六歳！　もう小さな子どもとは呼べない年頃ですね。**あなたは「自分には何もない」と言いますが、それは真実ではありません。**

少なくとも雨風から守ってくれる家があり（あなたは家出したいと言うけれど）、養ってくれる両親がいて（あなたは自分を理解してくれないと言うけれど）、文字が書けてピアノが弾ける手があって（あなたは大したことじゃないと言うけれど）、まずまずの脳みそと、健康で五体満足な体があります。

知っていますか？　私の親の世代は、多くの人が十三、四歳で故郷を離れ、一人での生活を余儀なくされました。それに比べ、あなたはどれほど多くのものを手にしているか！

昔の人は戦争で住む家をなくし、孤独や苦難を味わいながらも、自分の命や生活を守り抜き、次の世代を育てました。それなのにあなたは、ようやく人生の旅路が始まったという時に、もうやめることを考えています。

死について考えることがいけないとは言いません。人は命を手にした瞬間から、少しずつ近づいてくる死の存在を感じています。でもあなたは、「死」がまだこちらに手を伸ばす前に、自分から向かっていこうとしています。

人はこの世で生きている限り、必ず追い詰められ、どん底まで落とされる時があります。それは真っ青な空にもいつかは雲がかかるのと同じです。でも真っ暗な雨雲もいつかは晴れていくもの。自分の気持ちが分からなくなった時は、あなたの後ろにいる「死」に向かって「私たちいつ会えそう?」と聞いてみてください。きっと「死」は肩をすくめるでしょう。それは、あなたにはまだ早いという意味です。

もし「死」と友達になることができれば、もう怖いものはありません。

普通の親は、十六歳の女の子とこんな深刻な話はしないかもしれません。でもせっかくあなたが話をしてくれたのですから、私もまっすぐな心で応えたいと思います。

私は、親が子どもを産んだ理由が何であれ、その子どもが自分の考えさえ持っていれば、必ず自分が望む人生を見つけられると思っています。特に今は平和な時代ですから。ただ、**幸せとは自分の手で作るもので、天から降ってくるものではありません。**

植物の種が風に吹かれて飛んでいく場所は、豊かな土地だけではなく、岩の裂け目の時だってあるでしょう? でも水さえあれば、ほんの小さな隙間からも芽を出すことができます。種は自分では動けないけれど、あなたは自由に動けるじゃありませんか! 植物よりずっと強い力があるのです。

実は、あなたが想像している以上に人間は強いのです。でも公教育では、子どもを大人の思い通りに成長させるために、あえてそのことに触れません。だから多くの子どもは冷静な態度で大人と論理的に話し合うことを知らず、「お願いする」「言うことを聞く」「我慢する」「泣く」「わめく」といった方法でしか自分の願いを叶《かな》えることができません。でもある日、自分の力に気づきます。そして、それまで自分を支配していた大人から主導権を奪おうとします。このように中学生、高校生になった子どもが大人の価値観に疑問を抱き、様々な形で大人と衝突するのが、いわゆる「反抗期」というものです。

反抗期は、子どもが自分の人生や生活について考えるための良いきっかけになります。こうした問題を大人が子どもと一緒にきちんと話し合うことで、子どもは自ら成長し、自分の人生に責任をもつようになります。さもないと親子は支配と反発、争いと依存の関係から一生抜け出すことができません。

あなたが「自分の人生は自分で責任をもつ（べき）もの」と思った時、人生は選択し、実行し、結果を受け入れ、また選択するという作業の繰り返しに変わります。選択するのが難しい場面もたくさんありますが、一晩ゆっくり眠ったり、自然の中を散歩したり、そばにいる人に話してみたりすると、新たな可能性が見えてくるものです。

あなたは今、自分を憐《あわ》れむか、それとも困難に立ち向かうか、どちらを選択しますか？

もしあなたが、両親に理解してもらうことが大切だと思うなら、両親と話し合うための効果的なコミュニケーションの方法を探せばいい。友達のいる生活が大切だと思うなら、友人を作る方法を学べばいい。同級生が浅はかだと思うなら、あなたが目を覚まさせてあげればいい。何か特技がほしいと思うなら、自分の得意なことを伸ばせばいい。始め方が分からないなら、それを最初の課題にしたらいい。そうやってあなたが何かに向き合い始めた時、自主学習の道が開かれ、人生の旅も始まっていくのです。

成長とは何か？　それは自分の行動に責任を持つことです。

本当の意味で成長できたら、きっとあなたは自由になります。

十六歳！　あなたの人生の旅を始めましょう！

Q

生徒

学校が重要なことは分かっていますが、**学校をやめて、家で勉強するという選択肢はないのでしょうか？**

A

あなたと一緒に海辺を散歩しながら、学校生活に対する不平不満を聞いていたら、頭上から巨大な網が降ってきて、あなたを捕らえようとする様子が頭に浮かびました。あなたには、こうした深刻な話を打ち明けられる先生や友達もいないのですね。海も空もどこまでも広がっているのに、あなたは深い深い苦しみの中にいます。

私は「走ろう！」と言って駆け出しました。カニたちは突然動いた影と巻き上がった砂にびっくりして、一斉に巣穴へ逃げ込み、煙のように一瞬で消えてしまいました。後ろを振り向くと、驚いたあなたの顔が夕日の幻想的な光に照らされています。私がゆっくりと近づこうとした時、あなたは「天風（著者の長子、オードリー・タンのペンネーム）みたいに、家で勉強しようかな」と言いました。

私は「分からないわ」と答えました。「その決断が思いつきなのか、本気なのか、私には分からない」これは私の正直な気持ちでした。

私は年を重ねた経験から、**「思いつきで決めたことは長続きしない」**ことを知っています。だから、今から親切な魔女になって、水晶玉に映る未来をあなたに見せたいと思います。

きれいな包み紙を開いて出てきたのは、物事のありのままの姿を映し出す水晶玉です。さあ、「学校」はどんな風に映るでしょう？

おや？　見えてきたのは、子どもの頭の中にある学校を映したもののようですよ。
・勉強する場所や教材が簡単に手に入る場所
・一緒に遊ぶ人がたくさんいる場所
・いつでもやめていい場所
あなたは小さく「違う」とつぶやき、「学校はいつでもやめていい場所じゃありません！」と言いました。でもね、これは本当です。**嫌がるあなたを無理やり学校に通わせる方法なんてどこにもありません。**義務教育期間中の学校への入学を義務付けた「強制入学条例」の存在や、両親からの期待、将来への不安は、あなたが重要だと思いたいだけで、実際は何の効力もありません。

「重要だと思いたいわけじゃありません。思わざるを得ないんです」とあなたは言います。

そうでしょうか？　ここでは細かな言葉の違いを議論しても仕方ないので、「なぜ重要だと思わざるを得ないのか」を冷静に考えてみましょう。

そうすれば、あなたも私の考えを認めてくれるかもしれません。

では、少しずつ見ていきましょう。まず、**「学校をやめて家で学ぶ」ことを選んだら、どんな生活が待っているでしょう?**

最初に、勉強するための場所や教材を探さないといけません。学校が校内の利用を許可してくれることもありますし、図書館、博物館、友達の家なども利用できます。あなたが何かを「面白い」と感じたら、同じことに興味がある人を見つけて、一緒に勉強したり、協力してもらったり、教えてもらったりすることができます。もちろん、場所も教材も向こうから歩いてくるものではないので、人に聞いて、調べて、ゼロから作りあげる、つまり全てを自分で発見し、実行する必要があります。

次に必要なのは、時間配分です。一日二十四時間をどう使うべきか考えます。そして最後に、「自分にとって大切な事」とは一体何なのか、真剣に考えなければなりません。

あなたはよく「自分には関係ない」という言葉を使います。でも本気で自分の行動に責任を持つようになると、物事がそんなに単純ではないことに気づくでしょう。

「ホームスクール」は小説のようにロマンチックなものではなく、とても大変なこと

です。その中でも一番大変なのは、「他人の視線」に耐えること。

どんな社会にも独自のルールがあり、正規のレールから外れた人は、皆の注目を集めがちです。人々は自分の経験や想像力に基づき、意見や心配を口にするでしょう。するとあなたは、「自分のことをうわさしているのかな」「どんな風に思われているんだろう」と不安になり、つい他人の目に映る自分を意識したり、自分の行動に対する評価が気になったりします。普通の人でも周囲からの評価は付きまとうものですが、自分一人の力で学ぼうと決め、それを実行したとたん、想像以上に多くの人から注目され、色々と言われるようになります。それはまるでそよ風が一瞬で嵐に変わるようなものです。**あなたの「絶対負けない」という決意も、一気に混乱と動揺の渦に巻き込まれます。**このことに唯一メリットがあるとすれば、あらゆる人が自分に口出ししてくるので、知り合いが増えるという点でしょうが、そんなことを望む人は少ないでしょうね。もちろん「そこから何かを学べるかもしれない」と考えることもできるとは思います。

本来「学び」とは「学校」や「学籍」と必ずしも関連性があるわけではありません。**絶え間なく続く人生の中で、学校の勉強はほんの一部にすぎません。人生における本当の学びとは、そんな知識とは比べ物にならないほど大きなものです。**

この生活には、ほかにも大小様々な困難があります。例えば年齢制限があって、あなたを入れてくれない場所がたくさんあります（国家図書館は利用者カードを発行してくれません）。買い物や書類の申請をしようにも、相手に信用されない可能性があります。

そう！　**相手に信用されないのは、とても嫌な感覚です。でも学校に行くのをやめたその日から、この感覚があなたを待ち受けます。**

まずは親御さん、次に先生、校長先生、クラスメイト、親戚《しんせき》のおじさん、おばさん……あらゆる人があなたを心配して、責任感の名のもとにあなたと話をしたがります。その一人ひとりに「これは何度も慎重に考えた上で出した結論だ」と納得してもらう必要があります。すぐに分かってくれる大人もいれば、そうではない大人もいます。一番辛いのは、自分にとって大切な人が理解してくれないこと。この場合、分かってもらえる方法を何とか見つけなければなりません。

一つ秘密を教えましょう。ほとんどの大人は子育ての重圧に悩んでいます。だから**子どもの「自力で勉強したい」という気持ちがいい加減なものでないと分かれば、応援してくれるはずです。**

人によって不安要素は様々ですが、それを取り除く方法を知っている大人はたくさんいます。とはいえ、やはり最初に一人は大人を説得する必要がありますね。

とても面倒くさそうな作業でしょう。でも天風は自分の決断を一度だって後悔したことはありません。その理由は、「この生活を始めたことで、本当の喜び、本当の悲しみとは、人に押し付けられるものではなく、自分で感じるものだと気づけたから」だそうです。自分の人生は自分で選ぶもの。天風の言葉を借りれば「他人のせいにはできない」ものなのです。

天風からあなたに伝言です。

「『一人で学んでも成就しない』なんて思う必要はないよ。どんな場所にいようと、新しいことをやってみると、自分自身や世の中に様々な境界線があることに気づかされる。それに、時間はかかると思うけど、世間の人が思うほど『学ぶ』の意味は複雑じゃないと分かる日が来るはずだよ」

天風によれば、あなたが今一番するべきことは、大げさに考えすぎず、不安を捨てて遊びに行くことだそうです。

もう一つ秘密を教えましょう。**「自力で学ぶ」ための場所は家の中とは限りません。難しさや達成感はそれぞれ違いますが、多くの人が学校でも「自分一人での学習」を行っています。大切なのは学習者の意識で、場所ではありません。自分の意志で選択しさえすれば、それに適した能力は後からついてくるものです。**

「天風のような学習は気楽そうに見えて、実はとても難しい。学校では大人が全て決めてくれるから、生徒はじっと座っているだけでいいけれど、天風は何をするにも一つ一つ自分で進めないといけない」と言った人がいましたが、まさにその通りだと思います。

もし学校にいれば、「だらだら過ごす」なんていとも簡単なことだけれど、家にいて自力で勉強している人は、それすら真剣に方法を考え出さないといけません。

それでもこの道を選びますか？

Letter 9

自主学習を通じた成長　唐宗浩《タンゾンハオ》（当時13歳　著者の次子）

僕は、種子学苑の創立時からの生徒です。この学苑で学んで三年半が経ち、卒業して今は一般の中学校に通っています。

自主学習と出会ったのは、もっと幼い頃のことです。

僕が小さい時から、母は柔軟な考えの持ち主で、母を困らせることでない限り、僕に好きなことをさせてくれました。自分のことは自分で決めるのが習慣になっていたので、幼稚園に慣れるのは大変でした。自分の時間がなくなってしまったと感じたし、**先生は感情的でいつも子どもを思い通りに行動させようとしていました。**だから三年間で四つもの幼稚園に通いました。**もし母が他人と一緒に学ぶことの大切さを強く信じていなければ、とっくに幼稚園をやめていたと思います。**

小学一年生の時ドイツに行って、これまでとは違った教育方法に出会います。授業は時間割通りに行われるのですが、授業時間は短く、空いた時間に先生と哲学的な話をすることもできました。この経験のおかげで、学校は怖いところではないと思えるようになったのです。

でも帰国して台湾の小学校に通い始めると、また息苦しさを感じました。そこで、

自分が学べる場所を手に入れようと考え、同時に種子学苑の創立を応援するようになりました。

種子学苑では、自主学習のための空間を生徒と先生が一緒に作ります。この学苑と一般校との違いを説明しましょう。

1、教師と生徒は、「生活会議」を通じて、校則を作り、修正することができます。

2、教師は、体罰や乱暴な言葉など、生徒の心と体を傷つける方法で、無理やり自分の言う事を聞かせようとしてはいけません。

3、生徒が間違ったことをした場合、「生活会議」から生まれた「校内法廷」を通じて、指導や行動の制限を受けます。教師が勝手に罰を決めて、叩いたり怒鳴ったりしてはいけません。

4、生徒は授業を自由に選択できます。授業がない時間は、ルールに違反しない範囲で、自分の好きなことをすることができます。

5、授業の内容は生徒の意見を取り入れ、一人ひとりの学習スピードに合わせます。必修科目は語文（言語・文学）と算数で、それ以外は全て選択できます。

6、むやみに全校生徒を集合させることはありません。

つまり、ルールや教材、学苑のあらゆることを、全て話し合いによって変えることができます。もちろん、なぜ変えたいのかを皆に説明し、半分以上の人を納得させなければなりませんし、その作業を決められた順序に従って進める必要もあります。

この学苑を一言で表すとしたら、「自由の中で自分の行動に責任をもつ」という言葉がぴったりだと思います。

僕自身も、この学苑でたくさん成長できました。自分の方向性や役割を見つけ、人生は意味があるものだと知りました。他のクラスメイトが変わっていくのを見るうちに、「教えありて類なし（誰でも教育によって立派になる）」「朽木《きゅうぼく》は雕《ほ》るべからず（くさった木には彫刻できない。つまり、怠け者には教育のしようがない）[2]」という言葉の意味を深く理解できました。

ここを卒業して、一般の中学校に入学した時は、改めてこの二つの言葉を比較して、この意味に向き合えるようになっていました。成績優秀ですが、先生や友達ともうまく付き合っています。でも、やはり種子学苑のような学校が台湾にもっと広まってほしいです。自主学習できる中学や高校があれば、学びはもっと深まるでしょう！

[2]『論語』金谷治訳注（岩波文庫　一九九九年）

第8章

「親」の戸惑い

Q

親

子どもはどんどん成長していきます。子どもの成長に積極的に寄り添うには、何をしたらいいのでしょう?

A

あなたが元元《ユエンユエン》について書いた手紙を読みました。とても考えさせられる内容でした。多くの真面目な親たちが「どんなに探しても子育ての打開策が見つからない」と途方に暮れる様子が目に浮かびます。私の話が少しでも役に立つことを願っています。

手紙には二つの例が書かれていましたね。一つ目は、元元が宿題をしていた時のこと。元元はお母さんに褒めてほしくて、「宿題がここまで終わったよ」と言いました。でもあなたは「漢字ドリルがまだじゃない」と注意してしまいます。冷や水を浴びせられた元元は、何も言わず、その場を立ち去りました。一人残されたあなたは「**うまくコミュニケーションを取りたいのに、どうしていつも失敗してしまうの?**」と後悔します。

もう一つの例は、元元があなたに言われて漢文の教材を家に持ち帰った時のこと。あなたは元元に、宋《そう》や明《みん》の時代の漢詩を読んでどう思ったか尋ねました。でも元元はほとんど何も言えません。あなたは複雑な気持ちになり、子どもの教育に対する自信まで失いそうでした。「子どもが自分の道を見つけるまで、どうしたら強い自信を持ち続けられるでしょうか？」

手紙にはこうも書かれていました。「自分の心の矛盾や混乱には気づいています。強い気持ちが持てない原因は、自分の期待と失望にあることも。でも子どもはどんどん成長していきます。子どもの成長に積極的に寄り添うためには、どうしたらいいんですか？」

では次の内容を読む前に、目を閉じて、三回深呼吸してください。

いいでしょう！　目を開けてください。緊張がほぐれましたか？　それとも余計に緊張しましたか？

多くの本に「深呼吸は緊張をほぐす」と書かれていますが、私の場合、自分が知らない内容を読む前に深呼吸しても、未知の可能性に身構えて、かえって緊張してしまいます。あなたはどうですか？

子どもの成長に寄り添うことも同じだと思います。先の見えない未来は、人を緊張させるものです。**愛する子どもに苦労してほしくないと思う一方で、身代わりになれない無力感が親を余計に緊張させます。世間の目、身内からの言葉、夜中に飛び起きるほどの不安感……全てが親の心を苦しめます。**子どもの未来を予知できる水晶玉があればどんなにいいでしょう！　残念ながらそんなものはありません。でも未来が予知できないからこそ、人は希望を抱き、努力を続けられるのではないですか？

この世の全ての子どもは、自分だけの目的や使命をもって生まれてきます。だからどんな命も、自分の道を見つけ、自分らしく成長する必要があります。親は途中までこの道に寄り添うことができますが、決して出しゃばってはいけません。


あなたが出しゃばっているかどうかを知りたければ、二つの質問に答えてください。

質問1：あなたの心の中には「理想の子ども」像がありますか？

親は子どもに何を望むでしょう？　成績優秀で、真面目で、健康で、元気があって、頭の回転が速くて、優しくて、思いやりがあって、温厚で、柔軟性があって……挙げればきりがありません。**この「理想の子ども」が心の中に存在している限り、あなたは子どものあら探しをし、他の子と比べずにはいられません。**そして子どもは「自分はダメなんだ」と感じます。こうなると、たとえコミュニケーションの技術をどんなに磨こうとも、子どもに自我を確立させ、自信をつけさせるのは不可能です。

質問2：子どもの未来を考えると、不安になりますか？

子どもは将来食べていけるだろうか？　まともな職を見つけられるだろうか？　こんな基本的な勉強もできなくて大丈夫だろうか？　「悪い息子」が育ったと笑われないだろうか？　目的もない平凡な人生を送りはしないだろうか？　こうした不安があ

る限り、あなたはどうしても現状に不満を感じてしまいます。子どもが本来持っている素質や才能には目もくれず、ただ不安を相手に闘っているのです。

どうすればこの恐怖心を克服できるのか？　**まずは、親が自分に正直になることです。不安なら、不安でいいのです！　恥ずかしいと思う必要はありません。自分に腹を立てたり、変わりたい、逃げたいと思ったりせず、正直な気持ちで不安と向き合えばいい。**変わりたいと思えば思うほど、不安はあなたに付きまといます。人生を変える瞬間とは、自分の運命を悟り、余計な力を加えない時にこそ訪れるものです。私は自分の経験からそう思います。

次に、毎日子どもをよく観察すること。**目の前にいる元気いっぱいの息子さんは、あなたの「理想の子ども」になろうと必死になっていませんか？**　もしそうなら、お子さんは自分に向き合う機会と同時に、自信や尊厳まで失っています。

親が「子どもが今何を感じているか」を受け止めなければ、子どもが自分らしくいることなど不可能です。それなのに、親の心に「理想の子ども」の影があると、子どもの真の姿が覆い隠されて、子どもが感じたこと、伝えたいことがうまく届きません。

この影を追い払いたければ、自分の本心と恐怖心に向き合う必要があります。やはり、まずは自分を見つめ直さなければならないのです。

でもその前に、いったん元元の宿題のことは忘れましょう。つまり、元元に「宿題は終わった？」と聞いたり、宿題の成果を確かめたりするのはやめてください。元元から話してきた時は喜んで話を聞けばいいし、質問されたら手伝ってあげればいい。「手伝ってばかりいたら怠け癖がつくのでは？」と心配する必要もありません。聞かれたことは答える。聞かれないなら構わない。いいですね？

あなたは「もし元元が宿題をしなかったら？」とまた心配になることでしょう。でも今は人のことに構っている場合ではありません。長い時間はかかりませんから、まずは混乱した自分の心を整理するのです。この空白の時間によって、元元はお母さんが変わったことに気づき、さらに「自分は自分でいいんだ」と信じられるようになります。

子どもの成長は、大人によって大きく左右されます。もし元元を自主学習の道に進ませたいなら、まずはあなたがお手本を見せないといけません。自主学習とは、実際に行動する勉強ですから、生活の中でやってみて初めて「自分らしさ」や「自己実現」の意味を知り、穏やかな心や勇気を手に入れることができます。

親愛なる元元のお母さん、それでもあなたの気持ちは変わりませんか？

もし変わらず自主学習の道を望むのなら、あるお父さんが作ったチェックリストをお教えしましょう。これなら通知表よりも広い視野でお子さんの成長を見つめられるはずです。

・お子さんの恐怖心は、小さくなっていますか？　または消えましたか？
・お子さんは自分を肯定するようになりましたか？
・お子さんは楽しそうですか？　健康的で活発になってきましたか？
・お子さんはルールを守り、自分や他人を尊重するようになりましたか？
・お子さんの好奇心は保たれていますか？　またはより強くなりましたか？
・お子さんはよく遊ぶようになりましたか？
・お子さんには仲のいい友達がいますか？
・お子さんの知識や一般常識が増えてきたと思いますか？
・お子さんは手を動かす作業が好きですか？　またはその能力が成長しましたか？
・親子関係が前より良くなっていると思いますか？

もしこの質問の多くに「はい」と答えられるなら、心配はありません。お子さんは希望に満ちあふれていますよ！

Q

独身女性

私は独身で、メディアの仕事に従事しています。セミナーなどを聴くと、自分が母となって親子の問題を受け止められる気がしません。**親になることに、不安を感じます。**

A

母の日になると、メディアはこぞって親子関係や子育ての問題を取り上げます。次から次へと開かれる講演会は、大抵子どもの心の健康や自殺問題をテーマにしており、まるで現代の親は辛《つら》い思いをするばかりで、子育てなんてしない方がましと言っているかのようです。

かつて私も自分の子育てが理由で社会の主流派と対立した時期がありますが、その私でさえ、こんな悲観論には同意できません。息子がこの世界を拒絶していた何年かを除き、子育てはとても楽しい時間でした。子どもを見る度に驚きと喜びを感じますし、今では学苑の子どもたちを見ると、同じように、感謝の気持ちがあふれてきます。自分や他人の子どもが人生の道を歩み、自分もそれに寄り添うことができる。この素敵な縁に感謝しています。

子どもは一人ひとり違いますから、それぞれの子どもが持つ可能性も多種多様です。

子育てをしていると、何の前触れもなく、目の前に立つ子どもが突然「大人になった」と気づく日が来ます。そうすれば、もう心配する必要はありません。その子は人生の様々な試練や困難に立ち向かえるようになっています。一緒にいると家族全員の視野が広がるため、家族で過ごす時間も楽しくなります。この満ち足りた気持ちは、実際に経験しない限り、想像できるものではありません。

重苦しい内容の講演会や専門家の論調におびえて、この素晴らしい経験を諦《あきら》めようとしないでください。

まだ独身のあなたに子育ての話は早すぎるかもしれません。でもメディアに関わる仕事をしていて、しかも親子関係を扱っているあなたにこそ、「母の日に親子関係を議論しない」ことを提案したいと思います。一年三六五日のうち、三六四日は構わないけれど、この日だけはやめてください。なぜなら母の日は親子が集まる時間、つまり行動の日だからです。親子関係は言葉ではなく、動いて変えるもの。私は「体験」という言葉が好きです。人生の全ては体験から生まれるように、子育ても体験が必要です。互いを思い合う親子の気持ちは、誰かに言われて理解できるものではありません！

気持ちの問題を別にしても、親になるためには他の職業と同じように充分な知識と心の準備が必要です。でも今の教育システムはその時間を与えてくれないので、私も含め大半の人は、親になってから大慌てで準備を始めます。**私は義務教育に「子育て学」を取り入れ、結婚前の男女にきちんと教育すべきだと思っています。**そうすれば、一定の知識や能力を備えた上で親になれるので、自分の子ども時代に嫌な経験があっても、その負の連鎖を断ち切って、明るく健康的な子どもを育てられるでしょう。

正直に言って、台湾での子育ては欧米の先進国に比べ、はるかに大変です。欧米では「子どもは社会の財産だから社会全体で世話をするべき」と考えますが、台湾は「子どもを世話する責任は家庭にある」と考えるからです。だから妊娠、出産、子育てを通じて、社会的支援はとても限られています。心身に障がいがある子や特別な才能を持った子だけでなく、ごく普通の子がごく普通の教育を受けるのさえ大変なので、親はいつも孤軍奮闘しています。毎年何万人もの人が子どもの教育のために海外に移住しても、台湾の教育改革は依然として進みません。私たち親だって選挙権をもった国民なのに、共通認識がないために、国のシステムは変わらないままです。次世代を担う子どもを育てることは、自分だけではなく、社会全体のためになる。このことを本当の意味で理解しなければいけません。でもこの共通認識を形成し、政治を変えるためには、まず自分の心の中の迷いや矛盾に向き合う必要があります。

今の親たちが抱える最大の問題は、この心の迷いと矛盾です。西洋民主主義国家の自由や独立にあこがれる一方で、上下関係を重んじる伝統的な考え方も守りたい。どんな職業も素晴らしいと多様性を訴える一方で、自分の子どもには博士号や栄誉を期待する。自分らしく生きなさいと言う一方で、親や先生の言うことを聞かせようとする。頭で考えること、口で言うこと、実際にすることが、知らないうちに矛盾し合っている、という非常に厄介な問題なのです。

四十年前を振り返ると、当時の親たちに民主主義を重んじる考えはありませんでした。彼らは権力を信じる一方、生きることに精一杯で、「厳しくするほどいい子が育つ」という古い考えのもと、淡々と子育てをしました。その伝統的な教育を受けてきた子どもたちも、今では親となり、本を通じて様々な民主主義的思想に触れています。でも学校の教師は、権力を振りかざして生徒を管理するという考えから抜け出せませんでした。親たちは、生活の安定を優先して自由へのあこがれを心の奥底に隠し続けたことで、改革のために立ち上がる勇気を失いました。また、自分の気持ちが整理できないまま親になったため、教育書や専門家の言うことを鵜呑《うの》みにして、その全ての条件を子どもに当てはめようとするあまり、親も子どもも身動きが取れなくなってしまいました。

実は、子育てとはそんなに大変なものではありません。**子どもは主体性をもつ独立した存在であり、全ての子どもは人生の宿題を完成させるために生まれてきます。私たち親は、子どもの人生に寄り添うだけの存在です。**親にも親の人生の宿題がありますから、子どもをおんぶして、身代わりをしてあげる必要はありません。

子どもの人生を決める権利は、子どもにあります。親にできるのは、子どもが成長するための栄養を与えること。そして正直な心で向き合うことだけです。

植物にとっての栄養は、土、光、空気、水ですが、人間にはさらに衣食住も必要です。親は自分にできる範囲で物質的な豊かさを与えればいいのであり、子どもに対して可哀想とか、申し訳ないと思う必要はありません。貧しい家の子もお金持ちの家の子も、きちんと大きくなるものです。重要なのは、子どもに対する愛情です。

子どもを愛するとは？　**本当の愛とは、無条件に受け入れることです。**外見や頭の良さに関係なく、子どもの人生に寄り添い、子どもを見下さず、自分の意見を押し付けず、子どもを信じて、チャンスを与え、子どもが自分の道を歩めるよう力を貸すことです。

「具体的に何をすれば？」と聞かれたら、私はあるお母さんの言葉を借りて、「それはお子さんが教えてくれますよ」と答えます。つまり、**自分のものさしで判断するの**

をやめて、子どもや自分の感覚を信じ、客観性を保ったまま、正直な気持ちで子どもとオープンに話し合うのです。そうすれば、人生は一人芝居だと感じることも、子育てを大げさに考える必要もなくなります。なぜなら、その時親子は互いに影響し合い、認め合う存在になっているからです。

でもこの話は聞くだけでは不充分で、実際に体験することが大切です。

世界中のお父さん、お母さんが幸せになれますように！

Q

親

長いこと、子どもとの関係に悩んできました。学苑に来た当初は親の私も不安でいっぱいでしたが、**子どもの宿題を見ることにしたら、親子の関係が改善したように感じています。**

A

最近になって、若蘭《ルオラン》は素晴らしい変化を遂げました。でもあなたのお話を聞いた時、私は本当に変わったのはお母さんだと感じました。あなたが成長したからこそ、若蘭は驚くほど変われたのです。「子は親の鏡」と言いますが、まさにその通りですね。

若蘭をこの学校に入れた時、あなたはこれで簡単に愛らしい我が子が「手に入る」と思っていました。でも家庭の雰囲気は変わらず、夫婦仲は緊張状態が続いていて、子どもは大人の争いの道具にされていました。両親は二人とも口では愛していると言うけれど、子どものために時間や手間をかけようとはしない。若蘭が受けた愛情のほとんどは口先だけのもので、心からの愛ではありませんでした。

私の目には、若蘭が自分の力で家族の不和を修復するため、必死に両親を好きになろうとしているようにも見えました。これは十歳の子どもの心には、あまりに大きな負担でした。緊張状態が長く続いたことで、若蘭にとって安心できる場所は、家ではなく学校になっていました。その結果、人間関係や学業面に問題が出始めます。

でもあなたは、もう自分にできることは全部やったと思っていて、若蘭を助け、愛してくれる自分以外の存在を期待しました。**結婚生活に不安を抱えていたことで、子どもの勉強がうまくいかないのは、学苑の先生の能力不足だと考えていました。**こうした心配、苦しみ、失望感によって、あなたは冷静さを失い、誰彼構わず非難するようになります。あなたは孤独の闇に飲まれ、そこから抜け出せずに苦しんでいました。

教師として同情はしても、私には何もできませんでした。なぜなら、若蘭の問題の根本は家庭にあったからです。**学校は子どもに安全な環境を提供し、「親以外にも自分を愛してくれる大人がいる」と知ってもらう場所にすぎません。**特に若蘭は口数が少なく大人っぽい性格なので、その心の殻を無理やり破ろうとすることはできません。私は「若蘭のためにも、お母さんのためにも、心理カウンセラーに相談してみては？」と勧める一方で、思わずこう自問しました。「この母親は、いつになったら親としての責任を自覚してくれるのだろう？」

でもそんな私の心配は、全くの杞憂《きゆう》でした。あなたのおかげで、私は人間がどれほど柔軟な生き物であるかを知ることになります。

当初、「誰も助けてくれない」という無力感を抱いていたあなたでしたが、最終的には自分や子どもの問題に向き合おうと決意します。まずは座って若蘭と話し合い、学習面で苦労している点について一緒に改善策を考えました。そして若蘭が落ち込んだ時は、励まし、支えてあげました。あなたが宿題をチェックするようにしたら、若蘭は嫌がるどころか、むしろあなたを頼もしく感じてくれたそうですね。

あなたは口にしなかったけれど、きっと本気で自分の不安や恐怖心を受け入れ、我が子を理解しようとしたのでしょう。若蘭が勉強でつまずいた時や、両親の不仲に不安や恐れを抱いた時も、その心を受け止め、新しい生活や、それによる変化に対応できるよう、若蘭に寄り添いました。あなたが困難に立ち向かう姿を見て、若蘭自身も生活面、学業面での問題に向き合うようになりました。そして**最も大きな成果は、あなたが子どもに怒りをぶつけず、「この子を助けられるのは自分だけだ」と考えて、子どものために時間と労力を費やし、自分の忙しさに子どもを巻き込まなくなったこと**です。

こうして大切な我が子だけでなく、自信と愛情もあなたの許《もと》に戻ってきました。本当に喜ばしいことですね。

とはいえ、まだ全てが終わったわけではありません。今後も苦労することがあるでしょう。でもこれまでの日々が若蘭とあなたの忘れがたい思い出となったように、「**自**

分のことは自分で責任を持つ」という勇気と覚悟さえあれば、どんな険しい道のりもきっと乗り越えられるはずです。

昔のあなたのような親御さんは他にもたくさんいて、「親子関係を壊したくないから、子どもに何も言えない」と言いながら、「先生が何とかしてくれるから、今は待つしかない」と心配な気持ちをごまかそうとします。でも、心配しながら待っていても、それは事態を悪化させる「有害」なものでしかありません。

こういう親は、宿題や生活態度について注意することも、子どもの意見に反対することも怖くてできません。その役割を全て教師に押し付け、しかも子どもが何か問題を起こした時は、教師のせいにしようとします。

この状態が続くと、子どもは自分の間違いを他人のせいにするようになります。でも親は、この悪い習慣を作った原因が自分にあることに気づきません。

もちろんこういう親ばかりではありません。例えば芸芸《イーイー》のお母さんは、「勉強に関しては子どもの選択を尊重するけれど、宿題はきちんとやらせる」と決めています。芸芸はこの決まりを理解しているので、自分がどんな授業を取ろうと、どんな学校に行こうと、お母さんは受け入れてくれると分かっています。一方で、真面目に授業に出なかったり、宿題をしなかったりした時は、受け入れてもらえません。

この「受け入れられない」気持ちを表す方法も、当然親によって異なります。子どもと話し合う親もいれば、心の成長を期待して励ます親もいます。何かを禁止することで、その結果どうなるかを論理的に考えさせる親もいますし、一部の親は怒ったり叩《たた》いたりします。それぞれの方法に効果と副作用があるので、自分の子育てのスタイルを決めるにあたり、親はまず自分と子どもの性格を理解する必要があります。

もちろん私は話し合いをして、その結果から子どもに学ばせることを主張します。これは私の信念と反省に基づく主張です。過去の自分に対する反省があってこそ、親としての責任が果たせると私は考えています。

最もいけないのは、自信がなく、優柔不断な親です。今日この専門家の本を読んだと思ったら、明日は別の専門家の話を聞いて、余計に混乱してしまう。「いい親子関係」を作ろうと家族をがんじがらめにする一方、自分は意見をコロコロ変えて確固たる信念がないため、子どもに尊敬されず、結果的にいい親子とは程遠い関係になります。

子どもに自主学習をさせるとは、親の考えを子どもに押し付けたりせず、子どもに自分で考え、選択するきっかけを与えることです。親が透明人間になったり、誰かの操り人形になることではありません。

私は一貫して「教師は親の手助けをする存在であって、決して親の代わりにはなれない」と考えています。どんな教師も子どもに学んでほしいと思う気持ちは同じです。ただ、それぞれの学校、それぞれの先生によって方法が違うので、自分の子どもに合うとは限らないだけです。子どもと一緒に最適な学校を選び、子どもに学ぶ目的を見つけさせ、自分の行動に責任が持てる子にする。これこそ世のお父さん、お母さんにとっての天職です。代わりができる人などいません。

Q

親

誰もが楽しく過ごしているのに、**私だけが学校になじめず、見知らぬ場所にいるみたいです。**

A

昨日、あなたは子育ての相談をしようと学校にやってきました。事前に連絡がなかったので、私はしばらく手が離せず、少し学苑内を散歩してきてくださいと言いました。そこであなたは図書館に行って、座って待っていました。色々な学年の生徒や先生が、通りすがりにあいさつをしてきましたが、それは単なる礼儀や親切の一種であり、あなたに話をしようとする人はいません。あなたは突然孤独を感じたそうですね。

確かに図書館に座るあなたは、不自然な印象を与えました。なぜなら、この学苑で相手からのあいさつを待っている人は少ないからです。来訪者を案内する時でさえ、簡単な説明を済ませたら、あとは自分で自由に見学してもらいます。

ですから、ぼんやり座って待っている人は、とても珍しい存在です。

中には好奇心から話しかけてくる生徒もいました。でもあなたはあまり積極的な態度を取らなかったため、その子たちも別の楽しみを探しに行ってしまいました。あなたは再び一人きりになり、「自分の子どもさえ捜しに来なくて、まるで自分は存在していないかのようでした」と言いました。きっと不愉快な思いをしたのでしょう。でも楽しい自分でいることは、自分や他人に対する愛情表現だと思いませんか？　いつも不満そうな人に、何かしてあげたいと思えますか？　自分の態度は変えないのに、人には何かを要求して、その要求を通すことで自分の重要性を証明しようとするのは、心の弱さの表れです。

この時、私はなぜあなたが子どもの心配をしているのかが分かりました。光光《グアングアン》はこの学苑に来て、すぐに自由の意味を理解しました。また、自分の居場所を見つけ、自分らしい生活を送るようになりました。この様子を見て、**目の前でひな鳥が成長し、自分のそばから巣立とうとしている。それどころか、高く飛び立つために、重荷になった自分を急いで追い払おうとしている。あなたはそう感じ始めたのでしょう。**

「光光はもう私を愛していません。いつも学校の友達や先生のことを考えていて、夫や私のことは、いちいちうるさいと非難します。親として話をしているのに、いつも冷たい態度をとって、家を出て誰々と放浪したいとさえ言うんです。今からこんな風では、中学で反抗期が来たら、どうなってしまうんでしょう？」

あなたは動揺を隠せない様子で、瞳《ひとみ》からは焦燥感が伝わってきました。その時、学苑に来たばかりの光光が、青白く不安げな顔をしていたのを思い出しました。でも今は自信にあふれ、胸を張って生きています。私は突然、子どもをこれほど大きく変えてしまうこの学校はすごい！と思いました。

しかし、子どもが自立して自信を持つようになったことで、この学校に入るきっかけを作った親御さんが一番辛い思いをするなんて、考えもしませんでした。いわゆる「空の巣症候群」になる親は、きっとこんな気持ちなのでしょう。

多くの場合、**子どもは自主性を身につけるため、自分の親を「踏み台」にしようとします。**家に帰っては親の権力に歯向かい、たくさんの「なぜ？」を親にぶつけます。このことを不満に思う親がいた時、私は子どもへの態度を変えてみるようアドバイスします。**自分の不満はしばらく忘れて、子どもの「なぜ？」に真剣に向き合ってみるのです。**本音で話し合うことの喜びを知った家族は、親子であれ夫婦であれ、愛情という漠然とした概念が、心からの信頼に変わるのを感じます。**こうして安定した関係を築いていけば、いわゆる「反抗期」が必要なくなることもある**のです。

でも、家族の形はほかにもあります。例えば、子どもと一緒になって、親が新しいことを学び始めるという家族です。

浩浩《ハオハオ》のお母さんは、浩浩の絵の授業を見たのがきっかけで、三十数年ぶりに絵を描き始め、色彩が生み出す喜びを再発見しました。今では毎晩寝る前にキャンバスに向かうのが、仕事のストレスを解消し、心の安定を保つ秘訣《ひけつ》だそうです。

浩浩のお母さんは言います。「これまで私には絵を描く勇気がありませんでした。下手くそだったからです。でもずっと昔から、記憶の中に一枚の絵がありました。画用紙の中央に、屋根に『田』の形をした窓が二つある小さな家があります。小さなドアからは、曲がりくねった小道が下に向かって延び、見知らぬ場所に繫《つな》がっています。家の脇にある半月形の池には白鳥が二羽、横にはてっぺんに向かって傘のような形をした大きな木があって、その前には青々とした草原が広がり、小さな赤い花が咲いています。木の反対側、画用紙の右上辺りから、上一面を黄色い光で照らすのは、四分の一だけ顔を出した太陽。この映像は、子どもの頃から大人になった今も頭に焼き付いているんです」

「中学の授業で水彩画やスケッチを習った時は、描けば描くほど劣等感が深まるだけでした。でも種子学苑で先生に連れられた子どもたちが絵を描くのを見て、絵画ってこんなに自由なんだと気づきました。そこで、家に帰ってクレヨンを手に、何を描こうなんて考えずに夢中で色を塗りました」

「そのうち色や構図を自分で変化させるのが楽しくなって、子どもも一緒に面白がってくれるようになりました。一番不思議だったのは、色々な夢を見るようになって、心の中のモヤモヤや恐怖心が消えていったこと。これってよく言う『絵画療法』ですよね？」

ほかにも、四十代のお父さんで、最近になって新たに勉強を始めた方がいます。「昔の私にとって、勉強は辛くて苦しいものでした。きっと受験競争の影響でしょう。勉強と聞くだけで、嫌な思い出がいくつもよみがえります」

「だから仕事に必要な本と新聞を毎日読む以外、難しい本に手を出す勇気なんてありませんでした。でも自分の子どもが天文学、地理、コンピュータなどのつまらなそうな本を、何のためらいもなく読んでいるのを見て、不思議だなと思ったんです。またある時、学苑で別の子が竹馬を練習しているのを見ました。何度転んでも全くひるまない姿に、突然『何かを学ぶことを怖いと思う必要なんてないんだ』と感じました。そこから儒教の教えを書いた経典を読み始めたんです。無理強いしてくる先生がいないと、毎日新しい発見があって、本当に楽しいです。私も自主学習のメリットが分かってきました。どんな時でも学習意欲がなくなる心配がない。そうでしょう？」

これが正解だと言いたいわけではありません。私はただ、こうやって親御さんが欲望や恐怖心から解放され、自ら学びの道に進み、それを楽しんでいることが嬉《うれ》しいだけです。それに、親自身が楽しんでいる時は、自然と寛容になって、子どものいい所に目が行くものです。

だからあなたも子どもを遠目に見ながら心配するのはやめて、思い切ってお子さんの生活に飛び込んでみてはどうですか？

Column 5

長い夏休みを有効に使うために。

二か月間の長い夏休みが始まる頃、多くの家庭、特に共働きの家では、子どもの夏休みの計画に頭を悩ませます。そして多くの子どもたちがその内容に不満を抱きます。私の許には、「どうしたら夏休みに自主学習をしたと言えますか？」「全て子どもに任せるべきですか？」「親はどの程度口を出すべきですか？」という質問が寄せられます。

こうした質問に答えはありません。なぜなら、「自主学習」は算数の問題と違って、合格点まであと何点と正確に計算できるものではないからです。

自主学習とは、「誰もが責任をもって自分の人生や行動に向き合うべきだ」という考えを、人生を通して実践することです。子どもが自分の行動に責任を取れるようになるまで、大人は情報を与えたり、手を貸したりして、子どもに寄り添う必要があります。偽の「愛情」を振りかざし、子どもの役割を横取りして全てを事前に計画したり、大人の権力で子どもを服従させたりしてはいけません。

では具体的に、この二か月という長い期間をどう活用したらいいのでしょう？　お子さんの自主性やお互いを思いやる気持ちを育てるためには、まずはお子さんとよく話し合うことをお勧めします。

話し合いの前に、親御さんは一つ自分に言い聞かせてください。「子どもの意見に、正直な心で向き合うこと」。子どもの希望が全て叶《かな》えられるとは限りませんし、その必要もありません。言い訳を見つけてお茶を濁すことや、できない約束をすることがない限り、子どもの親に対する尊敬の念や信頼を失う心配はありません。

心の準備はできましたか？　では始めましょう！

これまで子どもが自分で生活設計を考えた経験がない場合や、親子の信頼関係が充分に築けていない場合、親には忍耐力が求められます。なぜなら、そうした子どもは、大抵「よく分からない」と答えるからです。

その答えを聞いてがっかりしたり、面倒になったりして、「やっぱり親が決めよう」と思っては、これまでの努力が水の泡です。時に子どもは親の本気度を試すこともあります。親子関係を立て直したいと思うなら、こうした試練にも耐えなければいけません。

子どもが本当に分からない様子だったら、一緒に情報を集めてみましょう。サマーキャンプ、観光スポットに観光ツアー、良さそうな映画や本、博物館……親が助言しながら計画のメリットとデメリットを話し合い、最後は子どもに決定させましょう。子どもがなかなか決められなくても、焦る必要はありません。大人だって何かを決断する時は時間が必要なものでしょう？　決定までの間、何日か家でだらだら過ごしていても、問題はありません。たとえそのまま夏休みが終わってしまうとしても、そのおかげで子どもと信頼関係が築けるとしたら、充分に価値があると思います。

例えば子どもの考えた計画が、「夏休みは海外で過ごす」のように時間やお金の問題で実現不可能だった場合、子どもに理由を正直に伝えましょう。恥ずかしい、申し訳ないと思う必要はありません。親は子どもに温かい家庭と成長の場を与えてあげれば充分なのです。もし子どもが自分の家庭の状況を理解できず、文句ばかり言うようであれば、親子関係には何か別の問題があるはずです。これはまた別の機会にお話ししましょう。

次に、子どもの考えた計画が「毎日ゲームをする」のように、とても賛成できないものだった場合でも、頭ごなしに叱ってはいけません。怒った瞬間、コミュニケーションの扉は閉じられてしまいます。まずは子どもがそこまでゲームをしたがる理由を想像してみましょう。勉強の失敗や人間関係の苦労を忘れるためかもしれないし、他に理由があるかもしれません。もしお子さん自身もなかなか言葉にできないなら、それを夏休みの課題にして、一緒に考えればいいのです。

まずは親が広い心を持ち、「もしゲームが本当に悪い影響しか与えないなら、子どもは自分から遠ざけているはずだ」と考えてください。自分はゲームが悪いものだと思っているのに、子どもがそう感じないのは、なぜか？　理由が分かるまで、勝手に判断してはいけません。親の緊張感のせいで、子どもはゲーム以外に面白いことが見つけられていない可能性もあります。お互いに意見を交わしたら、思いもよらぬ理由が見つかるかもしれません。

もし子どもが「夏休みは家でのんびりしたい」と言ったら、「怠け者」だなんて思わずに、少しリラックスしたいのだと考えましょう。子どもがまだ小さく、家に一人でいるのが難しい場合、まず親には子どもの面倒を見る責任があることを伝えて、その上でお子さんが納得できる計画を一緒に考えましょう。

親の都合で親戚《しんせき》や友人を訪ねる場合、もし子どもが一緒に行くと言ったら、ありがとうと感謝の気持ちを伝えましょう。反対に行きたくないと言われたら、お互いがいいと思える方法を考えましょう。注意すべきは、親子で一緒に考えるという点。解決方法を考える責任は親子どちらにもあります。自分は考えないで相手にあれこれ提案させて、でも決定権は握りたいなんて思ってはいけません。親子関係に致命傷を与えてしまいますよ！

「唐《とう》の時代の詩を暗記する」「苦手な算数を克服する」など、親から夏休みの課題を提案する場合、これは「親の」希望であることを忘れないでください。この課題に取り組む理由を、子どもがきちんと納得して受け入れない限り、これは「親の」計画になってしまいます。

どんなオープンな話し合いも、出席者全員が参加してこそ「コミュニケーション」や「ディスカッション」が生まれます。相手を「説得」して、予《あらかじ》め用意された答えを押し付けるのは、話し合いではありません。

私は学生の頃、夏休みが大好きでした。両親と決めた家事分担を守りさえすれば、長編の本を読んだり、家事を覚えたり、田舎で過ごしたり、アルバイトをしたり、語学力を磨いたりと、普段は時間がなくてできないことに取り組めるからです。

親が自分の子どもを応援したいと思うなら、夏休みはまさに絶好の機会だと思います。

皆さんが、これまでとは違った夏休みを過ごせますように！

番外篇

N高から、李先生への質問

N高から李《リー》雅《ヤー》卿《チン》先生へ

はじめまして、李雅卿先生。

私たちはN高等学校という、通信制課程の高校です。日本では十五歳で義務教育の中学校を終えますが、そのあとに進むのが高等学校です。

時代が変化していく中で、学校の在り方も変わる必要があります。私たちはネットを活用した「未来の学校」を作ることで、新たな「子どもたちの居場所」を生み出したい、という思いで、本校を設立しました。

学校法人の母体は、「ニコニコ」という動画投稿のプラットフォームを持ち、ネットサービスを提供する、「ドワンゴ」という会社です。「ニコニコ」には、ネットと親和性の高い若者たちが集まり、ネット上でコミュニケーションをとり、歌やダンスなど、自ら作品を作り上げ、公開しています。同じように、時間も場所も関係なく、同じコンテンツを楽しみ、共に学ぶことを、「学校」の枠組みで実現したい、と考えたのです。

「特定の環境にはなじめないかもしれないが、スキルも可能性もある生徒を集めたネットの高校」をコンセプトとし、二〇一六年四月一日にスタート。設立時の生徒数は一四八二名、二〇二〇年十二月時点では一万六六四一名が在籍しています。今考えれば、多くの親や生徒が、このような学校を望んでいたのではないかと思います。

高校卒業資格取得のための単位学習は映像授業なので、時間や場所を問わず自分のペースで学べます。そのため海外で生活している生徒も多くいます。

生徒間、生徒と教職員とのコミュニケーションツールとしてＳｌａｃｋを多用し、たとえばホームルームはＳｌａｃｋの中でクラス担任が行います。

また、美術部、音楽部、囲碁部、将棋部などの部活、『ドラゴンクエストＸ オンライン』を使った遠足もネット上で行われています。

ネット中心の教育や交流は味気ない、と思われるかもしれませんが、生徒数が多いため、趣味の合う仲間と知り合える機会も多く、文化祭やスクーリングなど、リアルで生徒同士が会う際も、ネットで事前にコミュニケーションを取っているのですぐに仲良くなることができます。

また本校では、生徒が社会に出た時に生きていける武器を身につけさせたい、という思いから、実社会で使われているツールを高校時代から使用します。授業でプログラミングを学んだり、投資部、起業部、政治部などの部活、自然や街中、インターネット上などを舞台にさまざまな挑戦をするプログラム、職業体験など、生徒が興味を持ったスキルを追求できる環境があり、これらもネットを使って学ぶこともできます。

ネットを活用しコミュニケーションに重きを置きながら、生徒の可能性を広げる場所として機能しています。

先生、私たちが日本で抱える悩みを、ぜひ先生にお伺いしてみたいのです。ご自身の経験の中から、私たちに考えるヒントを教えてください。

Q

生徒

日本の多くの学校には、本当に必要か分からない校則がたくさんあります。**校則についてどう思いますか？**

A

人はそれぞれ違うので、人と人が集まって同じ時間を過ごすためには、共通のルールが必要となります。

大切なのは、そのルールを誰が、どうやって決めるかです。

私の学校では、生徒がアイディアを出して、全校生徒と先生でじっくり話し合い、一つ一つ校則を作っていきました。数は少ないですが、どれもみんなが納得して、必要だと考えたルールです。もし誰かが校則におかしな点があると感じたら、またみんなで話し合って、修正を加えることもできます。

校則だけではなく、各クラスにも先生と生徒で決めたルールがあります。これは授業をスムーズに進めるためのもので、例えば「授業の開始時間と終了時間を守る」「授業中はにおいや音を出すものを食べてはいけない」「先生は一つのテーマが終わる毎に宿題を出し、生徒は〇日以内に宿題を終わらせ、先生は〇日以内に添削して返却する」「ルールに違反した人は〇〇をする」などがあります。

同じように、私の家には親子で話し合って決めた家庭のルールがあります。

学校でも家庭でも、ルールを決めて、それを変更する権利は、大人だけでなく子どもにも与えられるべきです。そう思いませんか？

Q

生徒

自分の「やりたい」こと、大人から言われる「やった方が良い」こと、社会から要請される「やらなければいけない」ことが違い、全部はできません。

自分は、やりたいことを一番にしたいと思いながら、できていません。先生なら何を優先しますか？

A

三つの円が少しずつ重なり合う図を想像してください。真ん中に三つ全てが重なる部分がありますね。理論上は、これが最も優先するべきものです。

でも私だったら、**まず大人や社会はなぜ「やった方が良い」「やらなければいけない」と言うのか、その理由を考えます。**もしそこに自分の納得できる理由が見つかれば、**自分の「やりたい」ことを含め、三つ全てが「自分のこと」に変わります。その中から、「自分にとって」重要なことを優先していけばいいのです。**

「やった方が良い」、または「やらなければいけない」理由がよく分からない時は、周りの人に相談して、一緒に考えてみてください。

一日は二十四時間しかありません。睡眠時間や食事の時間を除くと、自由に使える時間は限られています。ですから、自分にとって重要なことを見極めるのはとても大切な作業だと思います。

Q

生徒

この先、実際に社会で生きていけるか不安です。僕なんかが、会社に入れるのでしょうか？　どうしたら世の中で生きていけますか？

A

知らない環境に飛び込む時は、誰だって不安になるものです。でもそれがどんな環境なのかを事前に知っておけば、心の準備ができます。

また、学校や地域社会、習い事を通じた経験、インターネットや本による学び、あるいは親や親戚《しんせき》、友達の存在は、全てが自分の糧となり、社会に出た後の自分を守ってくれます。

不安の多くは現実にはなりません。でも今不安におびえているのなら、まずは社会に出た後、実際にどんな生活が待っているのかを知ること、そして、今ある時間の中で、経験や学び、人とのつながりを増やすことから始めましょう。

Q

生徒

今自分が思い描いている将来の仕事や暮らしを実現するという願いを叶えるには、どうしたらよいでしょうか？

A

すでに自分の将来像が見えているなら、それを叶えるために必要な条件（知識、スキル、心構え、プロセス、費用など）を知り、その条件を一つ一つ満たしていきましょう。

まだはっきりと将来が見えていない人は、まず基本的な能力（一般常識、人付き合いのスキル、問題解決能力、困難に立ち向かう勇気など）を身につけます。次に、いろいろなことを経験してみて、自分の好きなこと、得意なことを理解します。これらを組み合わせれば、自分の将来像が見えてくるはずです。

Q

親

子どものうちに知っておくべきことは、何だと思われますか？

A

愛されること、遊ぶこと、この世界に興味を持つことだと思います。

子どもは、自分を見守る保護者の存在を通じて、自尊心や自信を高め、健康な生活習慣を身につけることができます。また、友達と一緒に遊ぶことで、助け合い、協力し、相手を思いやる心を学びます。こうした知識や能力は、一生の宝物です。

Q

親

学校に通えないことで、子どもは、自分はダメな人間だと考えているようです。どのような声かけ、接し方をすればよいか悩みます。

A

子どもの価値観は、親や先生、友達の影響を受けます。そして、子どもに合った教育環境を選ぶのは、親の権利であり、責任でもあります。

お子さんが学校に通えない自分を「ダメな人間」と言う場合、お子さんにとって大切な人（親、先生、友達）が同じように考えている可能性があります。

お子さんの「いいところ」を十個以上挙げられますか？　子どもに最も大きな影響を与えるのは親なので、親が「うちの子にはいいところがたくさんある」と考えるようになれば、お子さんもマイナス思考から抜け出せると思います。

学校に行きたくないと思う理由は様々です。まずは親御さんが焦らず、偏見をもたないこと。そしてお子さんの気持ちに寄り添い、お子さんの話に耳を傾けてください。理由を知ることができれば、それに対処する方法も見えてきます。

それに、「学校に行きたくない」子が全て「勉強したくない」子だとは限りません。

勉強する気はあるのに学校に行きたくないという場合、授業の内容や友達、先生が合わないのかもしれません。それなら先生と一緒に改善策を話し合うか、転校することを考えましょう。

一方、お子さんが勉強する気をなくし、自分の存在意義にさえ疑問を感じるようになっていたら、まずは環境を変えましょう。そして学習意欲を取り戻すために充分な時間、場所、手立てを用意して、お子さんを救い出してください。

どんな状況にあっても、大人が諦めない限り、子どもは必ず変われます。

Q

学校職員

目の前の困りごとで、手が一杯になりがちです。木を見て森を見ずにならないように、**将来を見据えて子どもに接するために、必要なことはなんでしょうか？**

A

仮に「子どもをもつ、もたない」を選べるとして、あなたが「子どもをもつ」ことを選択しようとするなら、まずは「自分の人生でゆずれないものは何か」、そして「自分はどんな子どもを育てたいか」「自分は子どもと一緒にどう成長したいか」を考えてみてください。

そして子どもが生まれた後、子育てに悩み、迷いが生じた時は、この三つを思い返してください。初心にかえって、子どもの気持ちに寄り添いながら話し合い、解決策を考えれば、どんな難題にも立ち向かうことができるでしょう。

人生に対する考えを聞けば、その人の教育に対する見方も分かるものです。**子どもに「こんな人になってほしい」と望む前に、まずは「こうありたい」自分になること**から始めてみてください。

Q

親

我が子は、学び＝国数英などの勉強、と思っており、学ぶために学校に行きたいと考えています。一方で、学びと思っていない事、例えば集団での社会生活や共同作業などについては、避けたいと考えており、学校に行かない選択をしています。

学校は、不登校の子どもに個別対応すると、普通に通う生徒に良くない影響がある、と嫌がります。**ＨＳＣ**（ハイリー・センシティブ・チャイルド）**の気質でも、生きやすい学校、社会にするにはどうしたらよいでしょうか？**

A

もし知識を身につけることだけを「学び」と考えるなら、今はインターネット時代ですから、家でも学ぶことはできます。しかし、**友情を深めること、協力すること、お互いを尊重すること、意見をぶつけ合うこと、喜びを分かち合うことなどは、集団生活の中でしか味わえません。**だから台湾でホームスクーリングを行う家庭は、同じような子どもが集まって学ぶためのコミュニティづくりに力を入れています。

ＨＳＣのお子さんは、周りの人が嘘偽りのない態度で接し、子どもに共感し、柔軟に対応し、かつ子どもの自主性が奪われないような環境を必要としています。

親御さんにできることは、まず共感力を身につけること。お子さんの気持ちに寄り添うことで、お子さんの望みも理解できるようになります。

次に、考える力と話し合う力を鍛えましょう。そうすれば、子どもと自分の考え方の違いに気づけますし、子どもにとってベストな環境を親子で一緒に考えることができます。

考えがまとまったら、あとはそれをどう実現するかです。**最初のステップは、その環境を家庭内に作ること。次のステップは、他の子どもとの交流の機会（オンラインまたはオフラインの交流会）を作ること。さらに余裕があれば、みんなで学べるコミュニティや教育実験校を作ってもいいでしょう。**参考になる先輩の事例はたくさんあります。


「神様は全ての子どもの面倒を見ることはできないから、子どもを親に託した」という言葉があります。私は我が子と一緒に成長したことで、よりよい自分になれたと思っています。また、たくさんの親御さんが、お子さんの成長によって涙を笑顔に変える姿を見てきました。「涙をもって種まく者は、喜びの声をもって刈り取る」という聖書のことばは、こうした人々を指すのではないでしょうか。

Q

親

うちの子は、周りの顔色、心情を汲《く》み取りすぎて、疲れてしまうようです。

長い目で見守りたいと思っているのですが、時には助言などした方がよいのか、日々考えさせられます。

A

人にはそれぞれ特徴があり、短所も見方を変えれば長所になります。例えば、「わがまま」な人は「自分のために闘える」人と言えますし、「面倒くさがり」は「無駄なことをしない」、「せっかち」は「行動力がある」と考えられます。人の気持ちを汲み取って行動するのは、相手に失礼な態度を取らないのですから、とてもいいことですよ。

ただし、長所も行きすぎると短所になります。人の顔色ばかりうかがっていると、疲れるどころか「他人のために自分を犠牲にする」可能性すらあります。

お子さんに助言がしたいなら、お子さんの具体的な行動を例に挙げて、「こういう態度をとったのは、〇〇（ポジティブなことば）したいからだよね」と、まずは理解を示します。次に、「でもそういう態度ばかりとっていると、相手の人は〇〇（ネガティブなことば）と思うかもしれないよ」と伝え、「だから、○○（具体的な折衷案）してみたらどう？」と提案してみましょう。

こうすれば、お子さんは親が自分を責めたりしないこと、そして物事には二つの側面があることに気づきます。**親に理解されているという安心感によって、子どもは自分の性格に向き合い、行きすぎた部分を修正しようと考えます。**

「自分の気持ち」と「他人の気持ち」の両方に配慮しながら「解決の道を探す」。このやり方は、「多様性を認めて共に生きる社会」を作るためにも役立ちます。

Q

親

子どもが学校に行かないことの不安はなかったのでしょうか？ 私は口ではいいよ、と言いながらも、心では不安で不安で仕方ありません。

A

もちろん不安でしたよ！　しかも、時期や状況が変わる度に、新たな不安に襲われました。

でも不安に襲われた時、私は不安から逃げるのではなく、代わりに「なぜ自分は不安になるのだろう？」「不安の根本原因は何だろう？」「不安に立ち向かうために自分ができること、できないことは何だろう？」「自分にできることをした時、どんな副作用が起きるだろう？」「自分にはどんな助けが必要だろう？」「その助けを得るにはどうしたらいいだろう？」と考えることにしています。

答えが出なければ、本を読んだり、情報を探したり、人に相談したりすればいいこと。すぐに解決策が見つからなくても、焦る必要はありません。

考えが固まったら、それを実行して、結果をふりかえり、修正を加える。これを自分の心が落ち着くまで続けます。

人は回り道しながら成長していくものです。今日の不安も、明日は喜びに変わるでしょう。ですから、どうか自分の心を信じて、不安に向き合ってみてください。

Q

親

我が子は面倒くさくなって考えることをやめ、「分からない」の一言で済ませがちです。

そういう子には、どのような声がけをされていましたか？

A

子どもが「分からない」と言うのは、それが一番安全な答えだからです。

両手をあげて「分からない！」と言うことで、責任を取る必要がなくなるのは、そこにはっきりとした境界線がないことを意味します。

ここでいう境界線とは、人が自分で決定し、自分で責任を負う範囲のこと。その範囲内にあることは必ず本人が決定し、他人は意見を伝えることしかできません。また、その決定がどんな結果をもたらそうとも、本人だけの責任です。

他人と境界線の範囲が重なった場合は、本人同士で話し合って決定し、双方が責任を取ります。**我が子に自分の行動に責任を持てる子になってほしいと思うなら、大人は子どもの境界線の中に入っていかないよう注意してください。**

例えば、子どもが小さいうちは思うようにご飯を食べない時がありますね。でも食事を「子どもの境界線の中のこと」と考えると、親がするべきことは、ご飯の時間に栄養のある食べ物を用意することだけで、それを食べるかどうかは子どもの問題です。ご飯を食べずにあとでお腹が減ったら、それは子どもの責任で、親が心配したり、怒ったりすることではありません。もし親が用意したものと子どもが望むものが違ったら、その時は話し合いで解決しましょう。

子どもの中で自分の境界線がはっきりしてくれれば、「分からない」という声を聞く機会も減っていきます。

この境界線は、子どもの成長段階に応じて変化しますし、文化や時代によっても異なります。ですから、お互いの境界線について話し合うのは、人と人が共に生きるためにも大切なことだと思います。

Q

親

息子は幼少期、病気がちでした。今は父親の身長を越すほど成長しましたが、繊細さが気になります。個性と捉《とら》えればと言われることもありますが、**子どもが心配でなかなか子離れできないでいます。**

A

親心とはそういうものですよ！　でも、たとえ体が弱くても、生き抜く知恵は必要です。

自然の流れから言えば、親は子どもより先にこの世を去ります。ですから、**まだ親が子どもの面倒を見られるうちに、子どもの自主性や能力、独立心を育てておく必要があります。**

それに、多くの国で、人は十八歳や二十歳になると「成人」とみなされます。

成人とは、心身ともに独立した存在の「人」になること、親の教育や保護がなくてもやっていける力があることを指します。子どもが本当の意味で成人になった時、親子は愛情によってつながる個々の独立した存在に変わります。

日本と台湾は、どちらも自由で民主的な国家です。子どもを良い市民に育てるのは、親の責任だと思います。

Q

親

種子学苑の動画を見て、このような学校で子どもを育てたかったと思いました。

日本の一般家庭でこのような理想的な教育環境を与えることは難しいのですが、**「本当の自由人」に近づくために、親一人でも自分の子どもにできることはありますか？**

A

第三者として意見をくれる先生は、子どもの成長にとって貴重な存在です。一般校にもいい先生はたくさんいるのですが、学校のシステムや周りの意識が古いままなので、先生の良さを発揮することができません。だから私は同じ考えの保護者を集めて種子学苑を作ったのです。

ほかにも、台湾では法律の許す範囲内で、保護者、先生、校長先生が様々な教育実験を行っています。これらの活動は、二〇一九年度から実施された教育課程綱要で、教育の規制緩和として実を結びました。

こうした学校は、確かに親にとってありがたい存在だと思います。でも、**お子さんを自由人に育てるために最も重要なのは、学校ではなく親の存在です。**

子どもが人生で初めて出会う先生は親であり、学校に行く前から、親の態度は子どもの価値観に影響を与えています。子どもの学校を選ぶのも、子どもが壁にぶつかった時に救いの手を差し伸べるのも、やはり親です。

子どもを自由人に育てられるかどうかの鍵は、あなた自身が握っています。どうかまずはあなたが自由人になってみせてください。

自由とは、自己中心的に「自分の好き放題にする」ことではありませんし、自由人とは、「世間から隔絶された仙人のような人」でもありません。

「自由」は「愛情」と同じく感情の一種であり、能力の一種でもあると思います。**自由人とは、心身ともに落ち着いた状態で、社会にプラスのエネルギーをもたらす人のことではないでしょうか。**

また、自由人は自分の意見をもっていて、自分を大切にし、他人を尊重し、自然や地球を愛し、世の中をよりよくしようと考えるでしょう。民主主義社会では良い市民となり、中央集権社会では、正しくないことにノーと言うか、少なくとも自分は正しいことをしようとします。

あなた自身が自由人になれば、お子さんがどんな学校に行っても、どんな困難に直面しても、あなたと同じ自由人に成長できるはずです。もしあなたが自分はまだ自由人になれていないと思うなら、これを目標にすればいいことです。

今はお手本を見つけるのが難しい時代です。ぜひ親御さんにはお子さんのお手本になってほしいと思います。

Q

学校職員

日本の公教育は、新しい環境変化への対応に時間がかかると感じます。百年前と同じ環境や方法で運営されている学校が、どうすれば時代に合わせた変化ができるのだろう、と悩みます。

A

日本では、先生にどれくらい決定権が認められていますか？　私の子どもが小学生の頃、台湾の公立校では政府指定の教科書しか使えませんでした。ただ、特別な教育支援が必要な生徒に限って、特定の研修を受けた教師が受け持ち、一人ひとりに合わせた個別教育計画を立てていました。

やがて社会のグローバル化や情報化が進むと、先生や親たちは、それまでの画一的な教育が子どもの発想力を奪い、特別な才能まで犠牲にしてきたことに気づきます。こうして各分野の優秀な生徒にも教育支援が行われるようになりました。その後、台湾の教育界には「どんな生徒も決して見捨てない」という考え方が広まり、民間または半官半民の教育実験が次々と実現しました。この活動はついに政府も動かし、二〇一九年度から実施された教育課程綱要では、小中高校の教師に教材や教育法を選ぶ権利が認められました。また、「知識を増やし、能力や応用力のある生徒を育てる」という方針も、「自発的に行動し、他人と協力できる市民を育てる」という考えに変わりました。

この二十年で、台湾の教育が驚くべきスピードで変化した背景には、海に囲まれた特殊な環境や「進み続けなければ飲み込まれてしまう」という危機感、そして「人材こそ最大の資産」という意識があったからです。どんな立場にいる人でも、自分のできる範囲で「自分がいいと思うこと」のために努力すれば、それはやがて社会に変革をもたらす巨大な力になります。

大人のみなさん。もしあなたが子育て中の親なら、このことを忘れずにお子さんに接してください。もしあなたが先生なら、自分のクラスに変革を起こしてください。もしあなたが校長先生なら、先生方が変革を起こせるような環境を作ってください。もしあなたが国や自治体で働いているなら、教育実験を広く受け入れてください。

変えたいという声が広がれば、社会で教育について議論する機会も増えていきます。変化とは、こうして同じ思いが集まって起きるものです。

もちろん、そのためにはまず一人ひとりが自分に向き合い、挑戦を恐れず、絶えず自分の行いを振り返ることが大切です。

自分が何をしたいのかを明らかにすること。
自分に嘘をつかないこと。
怖くても逃げ出さないこと。

Q

親

日本の学校は、制度の枠組みに適合できない場合の選択肢が少なく、不登校になりやすい構造です。不登校は「ネガティブ」な状況で、学校への復帰を「ゴール」にする方向で制度が構築されています。「適合できない困った子」と見なされると、制度上も経済上も、国の教育支援から外れます。その子こそが「困っている」というのに。

まだたくさん「困っている子」がいることに、心を痛めています。国が定めた教育機関で、国の未来を創る子どもが学ぶことができないなんて、おかしい。**一体何から変えていけばよいのでしょう?**

A

ぜひ自分にできることから始めてみてください。**どんな小さな努力も、いつか大きな力になります。**

もしあなたが文章を書くのが得意なら、言葉の力でみんなに呼びかけてみてください。もしあなたが親なら、自分以外の家庭のことを気にかけ、先生なら、自分のクラスや学校に変化をもたらし、社会活動家なら、同じ考えの人を集めて、対話を通じて政府に働きかけてください。

私は上の子を育てる中で、従来とは異なる教育の可能性に気づきました。最初は先生や専門家と一緒に、新しい学習環境の構築を目指していましたが、ドイツでの生活を経て、いっそ学校を作ろうという考えに変わります。その後、台湾に戻って種子学苑を開校し、中高一貫校の創設にも尽力しました。これらの学校作りには、多くの子どもたちも力を貸してくれました。

台湾の進歩を支えた民主主義、そして地球環境や消費者を大切に考え、多様な価値を認める文化は、もともと他の国から学んだものです。種子学苑も、ドイツ、日本、フランス、北欧の事例をもとに、中国古典の教育思想や自主学習の理念を融合して作られました。学校ができてからも、多くの場面で日本、韓国、インド、自由だった頃の香港《ホンコン》の方々と交流し、相互支援を行ったものです。

N高等学校の皆さんについて知ることができて、とても嬉しく思います。日本の子どもたち、親御さん、先生たちの幸せを願っています。

李雅卿（リー・ヤーチン）
1954年中華民国（台湾）生まれ。自らの子育てやジャーナリスト、社会運動家としての経験から、94年種子学苑を創立。台湾の教育改革に取り組んだ。主宰した台北市の自主学習実験計画（中高一貫教育）は、ユネスコの研究者に「アジア最高のオルタナティブ教育」の一つと評された。夫はジャーナリストの唐光華。長子は台湾IT相のオードリー・タン、次子は自主学習を広める活動に従事している。

岩瀬和恵（いわせ　かずえ）
東京外国語大学外国語学部東アジア課程中国語専攻卒、台湾輔仁大学異文化コミュニケーション研究科翻訳学修士課程修了。台湾企業の社内通訳・翻訳者を経て、現在はフリーランス。

天才《てんさい》IT 相《しよう》オードリー・タンの母《はは》に聴《き》く、
子《こ》どもを伸《の》ばす接《せつ》し方《かた》

2021年 6 月23日　初版発行

著者／李 雅 卿《リー・ヤーチン》

訳者／岩《いわ》瀬《せ》和《かず》恵《え》

発行者／青柳昌行

発行／株式会社KADOKAWA
〒102-8177　東京都千代田区富士見2-13-3
電話　0570-002-301(ナビダイヤル)

印刷・製本／大日本印刷株式会社

本書の無断複製（コピー、スキャン、デジタル化等）並びに
無断複製物の譲渡及び配信は、著作権法上での例外を除き禁じられています。
また、本書を代行業者などの第三者に依頼して複製する行為は、
たとえ個人や家庭内での利用であっても一切認められておりません。

●お問い合わせ
https://www.kadokawa.co.jp/（「お問い合わせ」へお進みください）
※内容によっては、お答えできない場合があります。
※サポートは日本国内のみとさせていただきます。
※Japanese text only

定価はカバーに表示してあります。

©Kazue Iwase 2021　Printed in Japan
ISBN 978-4-04-111207-6　C0037